VAJRAYANA, TANTRIC BUDDHISM

밀교의 이해

금강승이란

VAJRAYANA, TANTRIC BUDDHISM

부처님손바닥

"보호받지 못하는 이들을 위한 보호자가 되고,
길 떠난 이들의 안내자가 되고,
물을 건너고자 하는 이들을 위해서라면
저 스스로가 배가 되고 다리가 되게 해 주소서

육지를 찾는 이들을 위해서 섬이 되고,
불빛을 찾는 이들을 위해서 등불이 되고,
휴식을 원하는 이들을 위해서 휴식처가 되고,
시중을 필요로 하는 이들을 위해서 하인이 되게 해 주소서

모든 중생을 돕기 위해, 제가 보물의 창고가 되고,
강력한 진언이 되고, 특효약이 되고,
모든 소원을 풀어주는 나무, 여의수(如意樹)가 되고,
모든 소원의 결과를 낳아주는 암소,
여의우(如意牛)가 되게 해 주소서..."

-샨티데바의 기도문 중에서.

차 례

감사의 말씀

머리말

PART ONE 금강승! 독초 밭의 공작새

Ⅰ 금강승은

1. 금강승 빨리 보기 … 25
   1] 금강승이란? … 25
   2] 불교란? … 26
   3] 소승. 대승이란? … 27
   4] 금강승은 소승. 대승과 어떻게 다르고,
      뭐가 그리 귀중하다는 말인가? … 27
   5] 금강승을 탄트라불교라고 부르는 이유는? … 28
   6] 금강승 또는 탄트라불교를 왜 비밀에 붙이는가?
      왜 밀교인가? … 29
   7] 금강승에 입문하는 방법은? … 30
   8] 금강승은 출가승만 입문할 수 있는가? … 30
   9] 금강승은 티베트나 인도, 일본 등
      해외사찰에 가서 출가해야만 수행할 수 있나? … 31

2. 금강승 제대로 알기 … 33
   1] 금강승은 불교의 완성이다. … 33
   2] 금강승은 초고속 깨달음의 수행이다. … 38
   3] 금강승은 불교수행의 즐거운 길이다. … 39
   4] 금강승의 높은 단계 수행주역은
      재가불자(요긴)들이다. … 41

5] 금강승은 본래 대형사찰이나 종단 위주의
　　집단 수행 방식이 아니었다. … 44
6] 금강승의 전수는 금강법사의 관정으로부터 시작되며,
　　그 시작과 계율은 소승, 대승의 현교보다 더욱 엄격하다. … 46

Ⅱ 금강승의 기원
1. 금강승(金剛乘)의 기원 … 49
2. 완벽한 성불(成佛)/ 석가모니 부처님의 성불과정 … 53
3. 석가모니불의 금강승의 전법(轉法) … 59
4. 금강승 불교, 그 첫 제자들은? … 64

Ⅲ 금강승에 대한 오해와 폄훼 … 68

Ⅳ 세계의 금강승 불교사
1. 한국 : 호국의 금강승, 중국(수, 당)의 간담을 서늘케 … 79
2. 일본 : 행(行)탄트라의 오해 … 86
3. 뒤늦게 허둥대는 한족(漢族) 중국 금강승 … 88
4. 몽골제국 쿠빌라이 칸의 금강승 불교 수행 … 91
5. 만주족 청(淸)제국 황제들의 금강승 불교 수행 … 98
6. 인도네시아 : 보로보두르의 만달라 … 100
7. 네팔 : 금강승 불교의 새로운 중심지 … 101
8. 부탄 : 히말라야의 유일한 금강승 불교 국가 … 102
9. 미국, 유럽 : 서방에서의 금강승 불교 … 103
10. 티베트 함락과 서방의 금강승 … 106

PART TWO 금강승 수행의 로드 맵

Ⅰ 인도 대 학승 아티샤 존자의 '보리도등론' ⋯ 117

Ⅱ 금강승 불교의 부파와 수행

| 부파 |
1. 구역파 ⋯ 134
   1] 닝마파 ⋯ 135
2. 신역파 ⋯ 136
   1] 카담파 ⋯ 138
   2] 겔룩파 ⋯ 139
   3] 샤카파 ⋯ 140
   4] 카규파 ⋯ 141

| 수행 |
1. 겔룩파 ⋯ 144
2. 샤카파 ⋯ 148
3. 카규파. 닝마파 ⋯ 152

Ⅲ 금강승 특유의 공통적 예비수행

1. 오체투지 … 155
2. 불설 35불명 예찬 … 157
3. 금강살타(바즈라사트바) 수행 … 162
   1] 만트라(진언) … 163
   2] 무드라 … 164
   3] 만달라 … 165
   4] 관상(觀想) … 166
   5] 금강살타(바즈라사트바)의 백자진언(百字眞言) … 166
4. 부처님 가족들 … 170
   1] 소작(所作) 탄트라의 대표적 부처님가족 … 170
   2] 행(行) 탄트라의 대표적 부처님가족 … 171
   3] 요가 탄트라의 대표적 부처님가족 … 171
   4] 무상요가탄트라의 다섯분의 부처님(오불) 가족 … 172

Ⅳ 금강승 수행의 특징 … 174

| 회향 | … 188

감사의 말씀

"금강승이란?"은 금세기초 금강승불교 신인종이 복원돼, 샤카무니 선원에서, 탄월장강 서병후님이 오늘을 살고 있는 우리 불자들에게 금강승불교의 올바른 발전을 위해 강의하신 내용 중 몇 가지 핵심을 정리한 것입니다.

밀교라는 특성 때문에 은밀히 수행돼온 불교가 금강승입니다.
그러나 오늘날 우리나라 불교의 발전을 위해서는 재가불자들의 각성과 금강승의 이해와 수행이 더 이상 늦추어질 수 없다는 시대적 요구에 부응하기 위해서, 그 안내는 필수적이라고 생각됩니다.

특히 인도 아티샤 존자의 '보리도등론'은 과거 티베트에 금강승불교의 개화를 가져다준 핵심의 금강승 수행의 프로토타입으로써, 이번에 부처님 오신 날을 맞이해, 서병후 회주님에 의한 그 번역본이 최초로 이 책을 통해 소개됨을 기쁘게 생각합니다.

이 책이 나올 때까지 출판, 편집, 교열 등에 노고를 아끼지 않으신, 법우님들께 고마움을 전합니다.

금강승불교 신인종
샤카무니 선원 원장법사 예세돌마

머리말

위없고 깊고 깊은 미묘한 불법, 여래의 진실한 뜻은 금강승에

"위없이 높고 깊은 미묘한 가르침
백천만겁의 세월 속에서도 만나기 어려워라.
제가 지금 듣고 보고 얻어 받아 지니오니,
여래의 진실한 뜻 알게 될 수 있도록 기원합니다."
(無上深心微妙法 百千萬劫難遭遇
我今聞見得受持 願解如來眞實義)

나는 태어나 유아시절, 말을 알아듣게 될 때부터 선친이 늘 독송하시던 천수경의 이 기원문을 듣고 자랐다.

우리나라는 역사적으로 가장 오래전에 금강승불교가 융성 발전해온 곳이며, 천수경을 통해 높은 경지의 밀교 수행을 보여준 고승이나 재가불자들도 많이 배출돼 왔다. 이 귀중한 가르침을 만나고 수지한 행운의 불자들조차 그 진실한 여래의 뜻을 알고 배우기 위해 이렇게 간절한 서원을 나타내고 있는 것이다.

천수경을 독송할 때 마다 우리가 읽는 이 서원에서 말하는 진실한 여래의 뜻이란 과연 어떤 것인가?
중생들의 근기에 맞추어 여러 가지로 펼치신 부처님의 법문들은 때로는 서로 상충하듯 보일 때가 많다.
그 동안 여러 승(乘)에서 다시 가지를 펴나온 수많은 종파 부파들의 불법 해설과 주장을 들으면서, 혼동을 겪는 불자들도 적지 않다.

불교의 종파도 많고, 종파마다 팔만대장경에서 한 두 권의 경전을 골라 소의경전이라고 내세우는 이들은 각기 그 경전의 주제를 중심으로 펼쳐지는 불교가 저마다 최상승 이라고 주장한다.
그 뿐 아니다. 경전은 한권도 읽지 않으며, 교외별전(敎外別傳)의 참선이 견성성불(見性成佛)에 최고라는 주장과 부파도 생겨났다.

요즘처럼, 해외여행의 기회가 열려있고, 매스컴과 인터넷이 발달하며, 해외에서까지 한꺼번에 밀려든 각종 부파, 소승 대승 금강승의 전통들이 뒤범벅된 곳이 오늘의 불교계다.
소승 위빠샤나 명상이 최상승이라며 선(禪)불교에도 도전하지만, 그 근거와 논리를 반문하거나 궁구(窮究)하며 서로 토론하는 모습조차 보이지 않는것 같다.

과연 여래의 진실한 뜻은 어디서 찾아야 할까?

願解如來眞實義...
진실한 여래의 뜻을 알고자함은 오늘날 그 어느 때보다, 더 절실한 불자들의 서원이며 기원일 수도 있다.

그 해답을, 필자는 감히, 이렇게 한마디로 말하고자 한다.
진실한 여래의 뜻은 바로 금강승에 담겨있고, 여래의 진실한 뜻은 불교의 대단원인 금강승에 와서야 찾을 수 있다고….

금강승 불교(밀교)란 무엇인가?

금강승 불교, 밀교(密敎), 탄트라 불교는 석가모니 부처님께서 설하신 여러 단계의 가르침 가운데에 가장 높고(無上), 매우 깊을(甚深) 뿐 아니라, 가장 넓은(廣大) 불교수행의 최종적 수레(乘)다.

언제부터인가 우리나라 TV 방송 등에 자주 소개되는, 히말라야의 풍광을 소개하는 다큐멘타리가 방영되며, 티베트불교가 본격적으로 소개되며, 노벨 평화상 수상자 달라이라마의 컬트화(化)에 이은 2008 베이징 올림픽을 전후한 중국과 망명 티베트인들의 설전 (舌戰) 속에. 특히 히말라야에 보관돼온 금강승불교에 대한 호기심 또는 수행 열기가 더욱 뜨거워지고 있음도 사실이다.

그러나 우리는, 과거 삼국시대 이래 금강승불교의 선진국이었던 우리나라 불자들은 과연 금강승 불교를 얼마나 듣고, 보고 얻어 받아 지니며, 얼마나 알고 있는가?
그 대답은 안타깝고 놀랍게도 "별로"라고 밖에 할 수 없다.

우리나라에서 금강승 하면, 가장 많이 듣는 반문이 "금강경 공부 말입니까?"이다. 아니면, 밀교, 탄트라라는 단어에 대해, 즉각적인 일반의 반응은 "힌두교 탄트라 비슷한 이상한 거 아니에요?"이다.

석가모니 부처님이 전하신 가장 귀중한 정통 가르침이자, 우리 전통불교에서의 찬란한 가르침을 주어온 금강승 불교의 면면은 완전히 망각돼있거나 오해되고 있다.

그러면, 남들은, 다른 나라의 불자들은 과연 금강승 불교를 얼마나 듣고, 보고 얻어 받아 지니며, 얼마나 알고 있는가?
그 대답 역시 안타깝고 놀랍게도 "별로"라고 밖에 할 수 없다.

그들이 아는 금강승불교는 대부분이 일본의 행(行) 탄트라 일부이며, 여기에 더해 망명 티베트 승려들로부터 전해진 티베트불교(의 현실)를 부처님의 위대한 금강승불교의 이상(理想)의 전부로 아는 우(愚)를 범하고 있다. 티베트불교에 물론 금강승이 많이 담겨있지만, 금강승이 곧 티베트불교는 아니다.

금강승불교에 대한 일반과 불자들의 지극히 경도되고 제한적인 인식의 원인은 금강승 불교가 비밀불교인 까닭이다.

일반에게, 불자들에게, 널리 공개되고 현시된 불교였다면, 이를 밀교(密敎)라고 부르지도 않았을 것이다. 밀교(密敎)가 밀교로 남아있는 동안이었다면, 이런 책이 출판될 필요도 없을 것이다.

그러나 밀교가 밀교로 남아있지 않고, 오래전에 삼국시대부터 소수 정예의 우리나라 선조 엘리트 불자들이 비밀리에 수행하며 보관해온 국내의 보고(寶庫)는 이미 조선조 기간에 어디론가 흔적도 없이 사라졌다.

해외의 경우도, 그 지형적 보고(寶庫)로 남아있던 히말라야 금강승 장경각(藏經閣) 담장이 약 50년 전 도적 떼들에 의해 무너져버리고, 보물의 일부는 외도의 나라로 알려졌던 서방을 비롯한 세계 곳곳에 흩어져 흘러 다닌다.

불자로서 성장하고 70년대 초중반 우리나라 태권도의 세계화 운동에 가담하며, 세계를 돌던 필자는 큰 행운으로 그 와중에서 망명 티베트 불자들에 의해 히말라야 금강승불교가 세계 곳곳에 흐트러지고, 흘러 다니며, 또 수습되던 현장을 만나게 됐다.

세속의 재가생활 틈틈이 계속해온 우리나라 불교에서의 밀교, 일본 밀교 등, 동아시아의 금강승불교에 대한 관심과 추구가 이런 인연으로 만난 다키니들에 의해 금강승불교의 깊숙한 곳으로 안내되는, 마치 눈먼 거북이가 태평양 바다 위의 구멍 뚫린 널빤지를 만나는 행운을 얻게 된 것이다.

아울러 우리 불교 속에 묻혀있는 금강승의 귀중한 전통과 가치에 대한 발굴 필요성도 더 절실하게 느껴졌다.

본서 "금강승이란?"을 여러 불자들에게 회향하는 이유는 '보편적 금강승 불교 신행 안내서'로써, 그 동안 금강승의 전통의 많은 부분이 안타깝게 잊혀졌던 우리나라 불교계 특수상황 속에 금강승

불교에 입문하려는 분들에게 입문수행의 안내서로 조금이라도 보탬이 되기를 바라는 뜻에서다.

삼국시대부터 우리나라를 지켜온 자랑스러운 금강승불교 신인종(神印宗) 전통의 복원과 우리 불교의 발전에 뒤늦게 노력을 경주하며 모색해온 필자와 도반들에게 이제 "침묵이 항상 금(金)은 아니다"라는 결론에 이르게 하는 상황들이 벌어지고 있기 때문이다.

첫째가 금강승에 대해 남발되는 국내 여타 불교 종단 학승, 학자들의 오해와 금강승 폄훼.
둘째는 역사적으로 외도학자, 성직자들에 의해 서양에 소개되기 시작한 금강승불교의 묘사와 연구태도에 들어있는 폄훼.
셋째는 금강승 수행에 입문하기를 바라는 국내불자들이 겪기 쉬운 혼미.

이 책은 아카데믹한 불교 논문이 아니고, 금강승불교에 대해 위와 같이 평소 느껴온 바를 노변(爐邊) 담화처럼 우리 불자들과 나누는 허심탄회한 소회(所懷)다.

금강승 불교의 비밀스러운 내용을 일반에 공개한다기보다는 이

제 더 많은 불자들이 완벽한 행복과 깨달음을 보장해온 부처님의 가장 귀중한 가르침, 금강승으로 진입하는 환경의 조성에 조금이라도 보탬이 되기를 바라며- 조심스럽게 현관문을 연다.

월곡암(月谷庵)에서 탈고하고, 은현재(隱峴齋)의 현판을 걸며….

2009년 4월 8일
呑月長剛 서병후

PART ONE
금강승! 독초 밭의 공작새

I. 금강승은

| 금강승의 여러 이름 |

금강승(金剛乘) 불교는 산스크리트어로는 바즈라야나(Vajrayana), 영어로는 다이아몬드 비클(Diamond Vehicle)이라고 한다.

금강승 불교는 여러 가지 다른 이름으로도 불린다.
밀교(密敎), 비밀불교, 진언불교, 비밀진언, 다라니 불교, 탄트라불교 등이 그것이다.

중국에서는 밀종(密宗)이라고 부르는데, 이것은 금강승의 범위를 축소시키려는 저의에서 붙여진 잘못된 호칭이다.

금강승의 종류

불교 전체에도 소승, 대승, 다음의 금강승처럼, 수행 단계가 있듯, 불교 최고 최후의 완성 경지인 금강승내부에도 다시 몇 가지 단계와 종류가 있다.

1. 작(作) 탄트라
   산스크리트어로 크리야(Kriya) 탄트라. 또는 소작(所作)탄트라, 사부(事部) 탄트라라고도 부른다.
2. 행(行) 탄트라
   산스크리트어로 차리야(Charya) 탄트라.
3. 요가(瑜伽)탄트라
   산스크리트어로도 요가(Yoga) 탄트라.
4. 무상요가(無上瑜伽) 탄트라
   산스크리트어로 아누타라 요가(Annutarayoga) 탄트라.

▶위에서 1~3을 저급 탄트라, 4를 상급 탄트라라고 한다. 1~3의 탄트라(續, 속)는 가끔 밀교의 가르침의 책을 나타내는 탄트라(續, 속) 대신 현교를 나타내는 수트라(經, 경)로 표기되거나 번역되기도 하며, 경(經) 가운데에도, 탄트라(續)의 성격이 포함돼 있는 등, 경계가 희미할 때도 있다. 4에 올라 갈수록, 탄트라 본연의 성격이 강하게 나타난다.

▶ 1~3 에는 다시,
  a. 다라니(밀주)의 송주(誦呪)를 중심으로 하는 다라니 밀교와
  b. 다라니 대신 만트라(진언)와 무드라(결인) 그리고 만달라 명상을 중심으로 하는 비밀진언으로 나뉘기도 한다.

▶ 이상의 분류를 넘어, 탄트라를 내외(內外), 또는 4. 무상요가(無上瑜伽) 탄트라를 다시 셋으로 나누는 사례도 있지만, 불교의 정통성이 결여된 주장으로 받아드려진다.

1. 금강승 빨리 보기

1] 금강승이란?

금강승이란 말은 불교를 수행하는 세 가지 수행 단계 가운데서 제일 마지막 단계를 가리키는 말이다. 금강승을 한문으로 쓰면, '金剛乘' – 불자들의 수행을 여행길에 비유할 때, 가장 빠르고 효과적으로 목적지에 실어 날라다 주는 수단(乘)이라는 뜻이다.

그 귀중한 값어치가 마치 금강(金剛; 다이아몬드 보석)같이 희귀하다는 의미에서 금강승, 또는 금강승 불교라고 부른다.

그 외에도 금강은 지혜와 방편이 서로 떨어지지 않고 파괴됨이 없다는 뜻도 있다.

금강승 말고도 불교를 수행하는 방식에는 소승과 대승이 있다.

그 차이점을 구별하기 위해서는 불교가 무엇인가를 먼저 알아야 한다.

2] 불교란?

불교는 우리들이 삶을 살아가는 과정에서 만나는 어려움과 고통 그리고 불행에서 벗어나, 가장 값진 행복과 기쁨 그리고 즐거움을 찾는 가르침을 부르는 말이다.

불교는 한문으로는 '佛敎' – '부처님의 가르침'의 뜻이다.

그러나 부처님께서는 불교를 산스크리트어로 '다르마'(Dharma), 또는 팔리어로 '담마'(Dhamma)라고 부르셨다.

이 말은 '법'(法, 현상) – '모든 현상, –제법(諸法)', '모든 현상을 바로 보는 법'의 뜻이다. 따라서 불교는 '부처님이 가르치신 모든 현상을 바로 보는 법'의 뜻으로, 불법(佛法)이라고도 부른다. 산스크리트어는 '붓다 다르마'(Buddha-Dharma)이다.

3] 소승, 대승이란?

소승(小乘)은 마치 혼자 타는(乘) 자전거처럼, 또는 혼자 길을 터벅터벅 걸어가듯, 수행자가 자신, 한 사람을 고통과 불행, 그리고 문제꺼리에서 벗어나게 하는 – 해방, 해탈(解脫)하게 하는 – 불교 수행방식이다.

산스크리트어로 히나야나(Hinayana)라고 한다.

따라서 소승 수행자는 외뿔 소처럼 혼자서 수행의 길을 걸어간다.

대승(大乘)은 합승(合乘)과 유사한 말이다.

수행자가 자신, 한 사람을 고통과 불행, 그리고 문제꺼리에서 벗어나는 대신, 여러 사람들을 다함께 벗어나게 하는 불교 수행방식이다.

산스크리트어로 마하야나(Mahayana)라고 한다.

따라서 수행자는 자신만의 해탈 수행에서 벗어나, 남들을 구제하는 것을 목표로 삼고 깨달음을 향해 가는 수행을 한다.

4] 금강승은 소승, 대승과 어떻게 다르고, 뭐가 그리 귀중하다는 말인가?

금강승은 그 속에 소승과 대승의 수행 정신을 모두 포함하고 있다.

그러나 금강승이 특징적으로 그들과 다른 점은, 수행자가 소승처럼 자신, 한 사람은 물론이고, 대승처럼, 여러 사람들을 다함께 벗어나게 하는 불교 수행까지 한꺼번에 겸할 뿐 더러, 여기에 더해, 그 지혜와 수단을 얻게 해주는 열쇠인 부처님의 완벽한 깨달음의 성취를 얻는 수행이다. 이외에도 여러 가지 특징적인 우수성이 있지만, 차후에 덧붙여 설명하기로 한다.

우선, 대승의 '깨달음을 지향해 가는 수행' 과 금강승의 '완벽한 깨달음의 성취를 얻는 수행' 사이에는 현격한 차이가 있다.
그 차이는 공을 깨닫는 지혜뿐 아니라 뛰어난 방편에 있다.

5] 금강승을 탄트라 불교라고 부르는 이유는?

금강승을 탄트라, 또는 탄트라불교라고 부르는 이유가 있다.

팔만대장경처럼 이미 널리 공개되고 발표된 불교경전- 산스크리트어로 수트라(Sutra) -에는 소승과 대승의 불교 설법 내용, 수행 과제와 연구 내용만 기록돼 있다.
소승 대승 불교를 모두 '이미 널리 공개된 가르침', '불교전반의 공통된 가르침' 이라고 분류하며, 한문으로는 '경전불교' 또는 '현교(顯敎)'-경전에 '드러난 가르침'-라고 부른다.

반면 금강승은 그 가르침 내용이 불교경전에 공개돼있지 않고, '공통되지 않은 특이한 가르침' 은 비밀에 부쳐져 있다.
그래서 밀교(密敎)라고도 부른다.
그 비밀을 담고 있는 밀교(密敎)의 비밀스런 가르침을 기록한 문서를 산스크리트어로 '탄트라'(Tantra)라고 부른다.

탄트라 문서를 한문으로는 '속(續)'이라고도 한다.
이것이 금강승을 탄트라, 또는 탄트라불교라고 부르는 이유다.

6) 금강승, 또는 탄트라 불교를 왜 비밀에 붙이는가? 왜 밀교인가?

금강승 불교의 수행내용이나 탄트라의 가르침을 밀교라고 부르며, 비밀에 붙이는 이유는 크게 두 가지다.

첫째, 불교의 최후 가르침을 완성시키는 가장 중요한 핵심이 담겨있고, 너무도 귀중한 가르침이기 때문이다.

둘째, 그 순수한 내용의 영속과 보존을 위해, 함부로 굴림이 없이 귀중하게 받들어야하며, 이해력이 미치지 못하는 수행 단계의 미숙자들의 오해와 오용, 그리고 이교도들에 의한 오염과 훼손을 방지하기 위해서, 비밀을 유지하라고 당부하신 부처님의 뜻을 따르는 것이다.

실제로 금강승의 가르침의 순도(純度)는 너무 높아, 적절한 수준에 미치지 못한 수행자들이 무작정 읽거나 수행의 모험을 감행해봐야 본인들을 손상시킬 위험이 많다. 마치 수영 능력이 갖추어지지 않은 수영 교습생을 너무 일찍 깊은 바다 한 가운데에 떨어트리는 것과 같은 상황으로 비유된다.

7] 금강승에 입문하는 방법은?

따라서 금강승 수행에 들어오기 전에 수행자는 이미 소승과 대승의 수행을 어느 정도 거친 뒤에 금강승 관정을 통해 수행할 수 있으며, 초보자가 처음부터 금강승에 입문할 경우, 소승과 대승의 핵심을 예비 코스로 수행하고 금강승 관정을 통해 금강승 본 코스 수행에 진입하는 방식도 있다.

그러나 금강승의 수행처, 수행전통, 풍습, 분위기 등은 소승 대승의 사찰이나 선원과는 현격한 차이가 있음을 알아야한다.

8] 금강승은 출가승만 입문할 수 있는가?

천만의 말씀이다.
크게 보아 불교의 세 가지 승(乘) 가운데, 금강승의 최고 단계에서는 오히려 재가 불자들이 수행의 주역이 된다. 이것은 소승, 대승에서와 아주 큰 차이점이기도 하다.

소승은 출가승들이 그 수행의 주역이다.
주로 출가 승려들이 소승에 마련된 수행 과제(출리,出離)를 실천 수행하며, 재가불자들은 재가에서 경제활동을 벌이며 승려들의 수행을 뒷받침하는 역할을 맡고 있다.

금강승의 최고 단계에서는 출가 승려들이 도전하기 어려운 관문이 겹겹으로 장치돼 있다.

　금강승이 공개된 대형 사찰불교, 집단불교가 아니라, 재가불교, 엘리트 불교인 이유가 그것이다.

　티베트에 카규파 불교를 연 마르파의 경우, 재가 신도였고, 그 밑에서 금강승에 입문한 밀라레파가 수행한 곳도 마르파의 자택이었다.

　우리나라 신라시대의 첫 금강승불교 형태였던 신인종(神印宗)의 경우도, 명랑대사가 연 첫 도량 금광사(金光寺)도 자신의 자택을 개조한 것이었다.

　실제로 금강승의 최고단계 역대 대 성취자의 대부분이 재가 수행자들이며, 부처님은 금강승의 최고 단계의 최초의 수행자로서 출가자가 아닌 재가자, 한 나라의 제왕을 택해 그에게 전수해주셨다.

　그러나 사찰불교로 집단화해 출가자의 자격으로 수행하는 전통도 공존하고 있다.

9] 금강승은 티베트나 인도, 일본 등 해외사찰에 가서 출가해야만 수행할 수 있나?

　역시, 천만의 말씀이다.

　티베트불교 내에 금강승 불교가 많이 보관돼 있지만, 금강승불교가 곧 티베트불교가 아니다. 일본에도 진언종 등 일부 밀교 종단이 존재해 있지만, 일본 불교가 전부 밀교가 아닌 것과 같다.

금강승불교는 네팔에 강탄하시고 인도에서 법을 펴신 부처님에 의해 설법된 뒤, 우리나라를 비롯해 세계 여러 나라에 전달됐고, 우리나라는 티베트에 불교가 전달되기 전인 삼국시대 때부터 금강승 밀교가 융성한 곳이다.

우리나라는 이미 삼국시대부터 금강승 수행이 번성한 금강승의 아시아 강국이었고, 한동안 그 전통이 단절됐지만, 다행히도 근년 들어 복원돼 있다.
이제는 커뮤니케이션 수단의 급속한 발달로 지역적인 제약이 벗겨지는 시대이다.

금강승은 그것을 추구하는 구도자들에게는 어느 곳에나 그 수행의 문이 열려있다. 우리나라에서도 금강승불교 신인종 샤캬무니 선원에서 입문할 수 있다.
티베트나, 인도 또는 일본에 가서 금강승에 도전하는 사람도 있지만, 일본화한 하급 탄트라 진언종일 경우가 많고, 탄트라 대신 경전에 의지하는 그곳에서는 진언종을 출가자에게만 제한해 전수하기도 한다. 역시 언어 문제가 대두된다.

티베트불교 가운데에 금강승불교가 많이 보전돼 왔음은 사실이다. 그러나 티베트는 공산국가인 중국의 일부가 돼버렸다.
그곳 티베트 불교사찰에 대한 중국 정부 측의 단속과 개입이 널리 보도되고 있고, 제3국인의 출입이나, 체류, 출가가 실제적으로는 어려운 실정일 것은 명약관화하다.

2. 금강승 제대로 알기

> 1] 금강승은 불교의 완성이다.
> 2] 금강승은 초고속 깨달음의 수행이다.
> 3] 금강승은 불교수행의 즐거운 길이다.
> 4] 금강승의 높은 단계 수행 주역은 재가불자(요긴)들이다.
> 5] 금강승은 본래 대형사찰이나 종단 위주의 집단 수행 방식이 아니었다.
> 6] 금강승의 전수는 금강법사의 관정으로부터 시작되며, 그 서약과 계율은 소승 대승의 현교보다 더욱 엄격하다.

1] 금강승은 불교의 완성이다.

불교의 완벽한 깨달음, 성불 수행법은 금강승에만 담겨져 있다.
완벽한 부처님을 이루는 완벽한 깨달음, 성불을 위한 직접적이며, 실제적인 가르침은 오직 금강승 불교에만 담겨 있다.

완벽한 부처님의 이룸은 법신(法身)과 색신(色身)의 완성을 의미한다. 이를 위한 수행법은 오직 금강승 불교의 무상요가탄트라에만 담겨있다.

완전한 깨달음으로 이루는 성불은 법신(法身)과 색신(色身)의 완성으로 가능하다. 그러나 경전불교(대소승 현교)에는 깨달음의 성불로 가는 자량(資糧)인 지혜와 공덕을 쌓아올리는 일반적인 가르침에 머물러 있다.

다시 살펴보자.

- 소승불교의 수행 목적은 자신의 고통과 불행에서 해방되는 소승 아라한의 깨달음을 이룸에 있다.

- 대승불교의 수행 목적은 중생들을 고통과 불행에서 구원해주는 행(行)보리심의 실천과 성불을 위한 깨달음을 향해가는 보살의 깨달음을 이룸에 있다.

- 선(禪)불교의 수행목적은 무엇인가?
 부처님의 가르침(불교)과 별도로 전해졌다는 교외별전(敎外別傳)에 따른 각자 근기에 맞는 화두 선(禪)명상, 또는 일체의 명상 주제가 제거된 묵조선(默照禪)명상으로 자성(自性)을 깨닫겠다는 이른바 연각(緣覺) 또는 독각(獨覺)의 깨달음을 이룸에 있다.

- 법신(法身)과 색신(色身)의 완성을 통한 완벽한 부처님의 깨달음, 성불을 이루는 가장 수승한 수행법은 금강승 불교의 독보적 분야다.

- 경전불교(대소승 현교)에는 번뇌장(煩惱障)을 제거하는 가르침은 제시돼있어도, 성불과 일체지(一切智)의 성취를 가로 막는 최후의 장애인 소지장(所知障)을 제거하는 가르침이 제시되지 않았다. 거친 지혜의 마음으로 하는 대소승의 참선(參禪) 명상으로써는 이 섬세한 소지장(所知障)을 알아볼 수도, 제거할 수도 없다.

이 장애를 파악하고, 제거한 매우 섬세한 지혜의 마음을 개발하는 가르침도 오직 금강승 무상요가탄트라의 구경차제(究竟次第) 단계에 와서야 만날 수 있다.

그런 의미에서 완전한 성불 수행 매뉴얼(구체적 방법)은 대승불교의 비밀밀교, 금강승에만 감추어져 있다.

공덕과 지혜를 함께 집적하고 닦는 수행, 특히 색신불(色身)과 법신불(法身佛)을 동시에 함께 닦는 - 두 가지 수행이 하나가 돼, 떨어져있지 않은 - 쌍수(雙修)수행의 구체적인 가르침은 금강승(金剛乘)에서만 발견할 수 있다.

금강승 불교의 수행은 소승 대승 불자들과 마찬가지로 경전(수트라)에 의존하는 이른바 공통(共通)의 가르침(대소승 경전, 삼장, 대장경)으로부터 시작하며, 그 뒤 후속단계로 이른바 탄트라(밀교 續)라고 불리는 별도의 독자적, 비공통적(非共通的)인 코스를 추가할 뿐이다.

부처님께서 펼치신 모든 가르침을 분류하면, 크게 바깥 가르침, 속 가르침, 그리고 비밀 가르침으로 대별할 수 있다.

중생들의 근기에 따라, 누구나 쉽게 이해가 되는 거친 가르침에서 출발해, 섬세한 가르침. 그리고 매우 섬세한 가르침으로 점차 깊게 들어가게 하시는 친절한 방편이다.

이것은 반대로 아주 섬세한 부처님의 법신에서, 섬세한 보신의 모습으로, 그리고 다시 거친 모습의 화신의 모습으로 다양하게 나타나시는 부처님의 방편에서도 힌트를 얻을 수 있다.

부처님의 가르침은 모두 귀중하지만, 설법 방식에서 누구나 알아들을 수 있게 아주 거친, 구체적인 방식으로 전하신 가르침이 소승이라면, 섬세한 가르침은 대승이며, 이에 한걸음 더욱 깊이 들어간, 아주 섬세한 가르침은 금강승이다.

이중 소승, 대승의 가르침이 편찬된 것이 불교경전(Sutra)다.
경전(經典, Sutra)에 공개된 대소승불교의 가르침을 현교(顯敎)라고 부른다.

그러나 아무에게나 내보일 수 없는 매우 섬세한 가르침, 귀중하고, 비밀스런 수행내용을 보존하기 위해 경전에는 공개적으로 발표하지 못하고, 탄트라(Tantra)를 통해 전수하신 부처님의 가르침을 대승불교의 밀교(密敎), 또는 금강승 불교(Vajrayana)라고 한다.

금강승을 바즈라야나라고 부르는 이유는 금강, 산스크리트어 바즈라가 파괴되지 않는 불괴(不壞)를 뜻하며, 이렇게 지혜와 방편이 하나가 돼, 파괴되지 않고, 떨어지지 않는 굳건한 수행법을 시사하는 말이다. 탄트라를 한문으로 번역하면, '경(經)'이 아닌 '속'(續)이라고도 한다.

"무시무종으로 실로 짜듯, 계속되는 마음과 몸의 상속(相續, 끝없는 흐름)"을 통해, "마음과 몸의 상속에서 일체의 번뇌인 번뇌장과 그 흔적인 소지장까지 끊고, 그 마음과 몸의 상속 가운데에 숨어 있는 불성을 개발해 성불하는 활동"이라는 뜻이기 때문이다.

상급불자(대승 불자)들 가운데, 최상급 불자들이 수행하는 것이 금강승 불교(밀교)다.
"기나긴 현교의 성불기간(3 아승지겁)을 최대로 단축시킨, 고도로 농축 정제된 불교"다.
고통 속에 괴로워하는 중생들의 모습에 참고 견디지 못 할 정도의 폭발적 보리심을 갖춘 사람들을 위해, 마련된 성불로 가는 초고속 가르침이다.

대소승에서 발견되는 많은 잡다한 수행부파의 일부인 것처럼 금강승 불교를 '밀종'(密宗)이라고 분류하는 것은 무지의 소치다.
올바른 이름은 '밀승'(密乘)이다.
다시 말해 금강승은 불교의 완성을 이루는 수행이다.

2] 금강승은 초고속 깨달음의 수행이다.

최고 효율의 수행의 길인 금강승 수행의 깨달음을 위한 빠른 진도와 초고속 스피드를 위해서 여러 가지 지혜와 방편이 마련돼 있다.

3아승지겁의 현교 수행이 소요되는 목표를 금생의 즉신성불(卽身成佛)로 앞당길 수 있다고 한다. 물론 이 수행에 접어들게 된 최상승 근기의 수행자는 중생들을 도우려는 보리심이 대승 현교 수행자들보다 훨씬 더 강렬하고 지혜도 높은 사람들이다.

그들의 초고속 스피드를 위해서 마련돼 있는 대표적 방편이 현교에서는 따로 따로 떼어서 수행하며 쌓아올려야만 가능한 지혜와 방편을 밀교에서 하나로 합일(合一)시킨 명상법이다.

만달라에 펼쳐진 존들의 관상(觀想)을 통한 삼매와 이러한 명상의 마음을 보호해주는 무기가 만트라(摠持 또는 眞言)와 무드라(手印)다.

금강승의 또 하나의 방편은 욕계중생들을 위해 펼치신 '욕망'의 방편이 있다.

소승과 대승 등 현교 수행자들이 멀리하고 버리려고 노력하는 욕망, 미움 등의 번뇌의 '원천'에 접근해 이를 원천적인 지혜로 바꾸어버리는 것이다.

욕계(欲界)의 인간들이 가장 크게 겪는 번뇌인 마음의 삼독(三毒)

인 탐진치(貪瞋痴), 탐욕/애착이나 진노/증오 등의 집착을 버리지 않고, 오히려 최대로 활용해, 부처님의 지혜로 바꾸는 연료와 에너지로 사용한다.

비유하자면. 욕망이라는 이름의 나무에서 생긴 벌레들을 키워, 욕망이라는 이름의 나무를 제거하는 것과 마찬가지다.
욕망의 불길로 욕망을 전소시키는 방법이라고 한다.

수행을 사랑과 비유해서 나누어 볼 때, 연인(또는 이성)을 사랑하는 강도(强度)와 취향에 있어, 금강승 불교의 단계는;

- 작(作)탄트라 : 연인의 모습을 응시하며 바라보기만 해도 즐거워하는 사람.
- 행(行)탄트라 : 연인이 미소를 띄어주어야 즐거워하는 사람.
- 요가 탄트라 : 연인이 손을 잡아주어야 즐거워하는 사람.
- 무상요가 탄트라 : 연인과 포옹해야 즐거워하는 사람들을 위한 수행법으로 보기도 한다.

3] 금강승은 불교수행의 즐거운 길이다.

금강승은 기존불교(현교)의 고정관념과는 전혀 다른, 즐거운 수행의 길이다.
금강승에서는 기존 대소승 불교(현교)의 '고정관념'을 하루 빨리 버려야 한다.

현교 소승 불교에서 부처님이 설하신 고집멸도(苦集滅道), 네 가지 성스러운 진리(사성제)를 잘 이해하지 못하는 사람들은 불교를 괴로운 허무주의 종교로 매도하기도 한다.

사실은, 사성제가 가르치는 궁극의 진리, '멸도'(滅道)의 진리는 불교가 그 같은 괴로움을 영원히 그리고 확실히 소멸할 수 있는 종교라는 뜻임을 간과(看過)한 탓이다.

금강승은 세속적 진리인 '고집'(苦集)을 타파한 입지의 최대의 즐거움, 대락(大樂)을 지향하는 수행법이다. 이것을 가리켜 "수행의 결과를 당겨온 수행법, 과승(果乘)"이라고 한다.
대소승불교 현교는 인승(因乘)이다.

세속적 진리인 '고집'(苦集)을 타파한 입지의 최대의 즐거움, 대락(大樂)이란 어떤 것일까?
번뇌와 무명에 오염되지 않은, 본연(本然)의 청정한 즐거움이다.

금강승 수행자는 수행 초기부터 깨달은 단계에서 이루는 네 가지 궁극적 순결함(四淨)을 지켜야하는 데,

첫째, (자신의 주변 환경을) **부처님의 순결한 정토**,
둘째, (자신의 몸을) **부처님의 순결한 몸**,
셋째, (대상을 즐기는 자신의 즐거움을) **부처님의 순결한 즐거움**,
넷째, (자신의 행동을) **부처님의 순결한 행동**
　　　-으로 보아야 하는 것이다.

부처님께서 금강승을 최상근기의 수행자들을 위한 비밀에 부쳐 두신 이유는, 번뇌에 오염되지 않은 이 귀중한 수행의 즐거움을 '방종'(放縱)으로 착각하거나, 오용할 가능성을 줄이기 위한 것이다.

4] 금강승의 높은 단계 수행 주역은 재가불자(요긴과 요기니)들이다.

이와 관련해, 세 가지 출가(出家) 방식과 수행의 길을 잠시 다시 살펴보자.

소승(중급)불교는 '밖으로 외모(삭발 승복)로써 신분을 공개' 하며, (번뇌를) '버리고, 비우는' 수행방식이다.
대승(고급)불교는 '안으로' 보리심을 품고 (공덕과 지혜를) 쌓아 올리는 수행 방식이다.
금강승(최상급)불교는 '밖으로 신분이나 마음속의 보리심도 비밀에 감추고' 머리를 길렀으면 기른 대로, 머리를 깎았으면 깎은 대로, (번뇌를 공덕과 지혜로) '바꿔버리는' 비밀의 초고속 수행방법을 택한다.

● **수행방식**
  1. **소승(小乘)불교**
  – (욕망·집착의 대상을) 떠나 버리고, 비우는 '빼기' (−)수행.
  – 목적지 : 아라한, 독각(獨覺), 연각(緣覺).

    2. 대승(大乘)불교
    - (자비와 공덕을) 쌓아올리는 '더하기'(+)보살행 수행.
    - 목적지 : 보살.
    3. 금강승(金剛乘)
    - (욕망과 집착을 지혜와 방편인 공덕으로) 바꿔버리는 '곱하고 나누기'(×, ÷)수행.
    - 목적지 : 부처님(성불).

● **출가방식**
    1. 겉 몸(身)출가 - 가족 이성 등 집착의 대상을 버리고 떠나 머리 깎고 승복입고 독신으로 수행하는, 몸의 출가. (소승, 대승)
    2. 속마음(心)출가 - 머리나 옷의 모습에 상관없이, 가족 등 집착의 대상을 버리고 떠나지 않지만, 마음속에서 집착을 주는 욕망 등, 번뇌 망상을 멀리하고, 수행하는 마음의 출가.(대승)
    3. 비밀(秘密)출가 - 평소 일상생활 자체를 수행으로 활용해, 번뇌의 대상을 공덕과 지혜로 바꾸는 비밀 출가. (금강승)

금강승수행은 높은 단계로 올라갈수록 재가불자들이 주역이 된다. 기존불교(현교)의 고정관념은 불교수행의 주역을 출가 수행자들로 본다.
특히 소승의 경우, 재가불자들- 거사와 기혼 여성 불자들 - 은 그 보조적 수행자들이다.

그러나 금강승에 와서는 단계가 높아질수록, 원칙적으로 재가불자들이 수행의 주역이 된다.

네 단계 탄트라 가운데, 저급 탄트라로 불리는 작(作)탄트라와 행(行)탄트라, 요가 탄트라에서는 출가 승려들과 재가 수행자들이 동등한 자격으로 수행에 참가할 수 있다.

그러나 무상요가 탄트라처럼 수준이 높이 올라가면, 출가 승려들은 대체적(代替的), 보조적 수행의 규정을 따라야 하는 예외적, 제2선의 수행자가 된다.

금강승 내에서도 마치 소승의 성문과 연각, 대승 등으로 발전되는 수행수준의 점진적 단계가 존재한다는 의미도 된다. (예외적으로 공한 형체, 무형의 마하무드라에 의존을 선호한다는 칼라차크라 탄트라의 경우, 재가자보다 출가자도 좋다는 주장도 나오지만.)

티베트 불교에 혁신을 가져다준 인도의 대학승 아티샤는 그의 저서 '보리도 등론'에서 범행(梵行)을 지키기로 소승계와 구족계를 수계한 출가승들의 무상요가탄트라 관정과 계의 수계는 파계에 해당한다며 엄금했다.
그러나 출가승들의 금강승 도전을 위한 몇 가지 예외규정은 남겨놓았다.

무상요가 탄트라에는 소승 출가승들, 그리고 마음 약한 대승 보살들이 부처님의 금강승 설법을 듣고, 혼비백산(魂飛魄散), 기절(氣

絶)하는 장면이 나온다. "사자를 쫓아 암벽 절벽을 뛰어내리는 개는 그 생명을 잃는다."는 말과 같이 말이다.

금강승불교는 높은 단계에 오를수록, 독초 밭에만 가도 힘없이 쓰러지는 참새나 까마귀를 위한 승(乘)이 아니라, 독초를 먹어도 약초와 영양분으로 바꾸어 영양분으로 섭취해 살찌며 더욱 찬란한 빛을 내는 최상근기의 공작새와 같은 용사들의 수행방법이라는 설명도 있다. 정욕 등, 번뇌와 무명의 '원천'으로 돌아가 번뇌와 무명을 이기고 벗어나는 수행방식이 금강승이기 때문이다.

5] 금강승은 본래 대형사찰이나 종단 위주의 집단 수행 방식이 아니었다.

같은 이유에서 금강승은 대형사찰이나 가람 위주의 집단 수행 방식은 이상적이 아니다.

소승과 대승 출가승들 사이에 존재하는 갈등과 대립을 생각하면, 출가 승려들이 출가 때에 받은 불음계(不淫戒)의 금욕주의 등, 범행(梵行)적 측면을 강조한 소승적계율, 구족계계율과 욕망을 연료로 삼는 금강승불교의 방편(즐거움)은 극과 극이라고 할 수 있다.

이들을 한곳에서 집단으로 섞어놓고 수용해, 양(兩) 승(乘)을 함께 수행시킨다면?

양(兩) 승(乘)간의 충돌과 저촉은 명약관화하다.

이것은 일부 소승과 대승 출가자들의 계율의 충돌만 상기해 봐도 쉽게 납득이 간다.

일본이나 티베트 등지의 일부 금강승 부파들이 출가 승려들의 대형 사찰을 중심으로 조직돼 오랜 전통을 지켜오고 있지만, 그게 반드시 바람직한 일도 아니며, 현교 수행처의 연장선에서 기존의 소승적 전통과 조직을 집단 이해를 위해 어색하게 접목 발전시킨 것이다.

금강승 성취자들의 전수(傳授)는 이와는 달리 1대1 사도상승(師徒相承) 구전(口傳)을 원칙으로 한 소수정예주의였고, 재가 성취자들 주변에 여러 형태의 만달라가 마련돼 비밀스럽고 자연스럽게 이루어졌다.

승복 입은 삭발 출가승들이 그것도 모자라, 화려한 금란가사에 대학승의 모자를 쓰고, 대형 광장이나 집회장에서 부모존 금강승 관정을 시행하거나, 금강승을 강의를 하는 모습은 원형에서 빗나가도 많이 빗나간 풍경이다.

금강승의 금강법사로 활약하는 승복 입은 출가승들이 삭발 헤어스타일로 화려한 결혼식을 올리며, 자랑스럽게 청첩장을 보내고 결혼식장 사진을 공개하며 포즈를 취하는 모습이 종종 해외 토픽에 오르내리지만, 이것도 아주 잘못된 풍경이다.

티베트불교의 혁신은 출가승들의 사찰 불교를 대상으로 전개됐지만, 오랜 시간이 지난 지금 다시 그 일부의 현실은 큰 괴리를 보여 준다.

금강승이 방종을 의미하지 않을 뿐 더러, 부처님들이 정해 놓으신 계율에도 어긋나는 일이다.
금강승을 수행하고 수행의 파트너, 카르마 무드라를 원한다면, 금강승의 주역인 재가 수행자로 돌아오는 것이 바람직하다.

6] 금강승의 전수는 금강법사의 관정으로부터 시작되며, 그 서약과 계율은 소승 대승의 현교보다 더욱 엄격하다.

금강승의 계율과 서약이 엄격한 이유는 지계가 성취의 원천이 되기 때문이며, 특히 가르침을 전하는 금강법사의 관정과 역할이 절대적이기 때문이다.
금강승 수행자는 "대나무통속의 뱀"과 같이, 그대로 머물 수 없고, 수행의 수준이 오르든가, 아니면 떨어지든가 두 가지 길 밖에 없다는 말이 있다.

금강승의 성취의 힘은 계율과 서약을 지키는 데에서 나오며, 서약과 계를 지키고 수행하는 것이 위로 오르는 길임에 비해 이를 어기고 파계하면 곧장 나락으로 떨어진다.

우리나라 대승불교 권에는 언제부터인가 법사라는 단어의 의미가 변질되고 디플레이션을 겪었다. 출가스님을 돕고, 불교를 강의하는 재가 상사들을 누구나 쉽게 함부로 법사라고 호칭하는 풍조가 있다.

금강승의 금강법사는 재가자라 하더라도 일반 대승불교권의 종정이나 주지보다도 더 귀한 불법의 전수자로 숭앙된다. 중국에서는 금강법사를 윗상자를 넣어 '상사(上師)'라고도 번역한다.

만일 금강법사가 머리를 기르고 평복을 입은 재가자라는 이유로 그를 경시하는 사람이 있다면, 그는 외형적 모습의 환상에서 법이나 법사를 찾는 단계에서 벗어나지 못한 사람이라는 반증이다.

그는 외부적 수행방식인 머리 깎고 승복 입어야 불교를 수행하는 것으로 알던 소승 현교의 풍습에 물들어 헤어나지 못한 분별에 쌓여 있다는 뜻이다.

금강승 수행 입문은 일정한 예비수행을 끝낸 뒤에야 가능하며, 그 다음 금강 법사의 관정과 지도를 받으며, 시작된다.

〈다키니〉

Ⅱ. 금강승(金剛乘)의 기원

1. 만나기 어려운 부처님과 불법, 금강승 불교
-행운의 현겁 1천 부처님 중 네 번째 석가모니불 -

어둠의 겁과 빛의 겁, 현겁

 부처님과 불법은 백천만겁이라는 오랜 시간의 사이클 속에서도 행운과 인연이 없으면, 만나기 어렵다고 한다. 부처님이 이 세상에 나타나시는 것은 반복되는 '어둠의 겁' 가운데 희귀하게 등장하는 대겁(大劫) '빛의 겁'에만 한정됐기 때문이다.
 우리가 살고 있는 이 시간의 사이클은 현겁(賢劫)이라고 불리는 행운의 대겁(大劫), '빛의 겁'이기에 부처님과의 만남이 가능했고, 이 현겁 동안에는 무려 1천분의 부처님들이 나타나시는 예외적인 행운의 시기다.

대겁은 20번씩 성주괴공을 반복하는 80개의 중겁(中劫)으로 구성되며, 현겁 이전, 지난번의 마지막 대겁은 불(火)로 파괴됐다고 한다.

이때 욕계 전체가 파괴돼버렸음은 물론, 색계 하늘의 초선천(初禪天)이라고 불리는 네 개의 하늘 세계까지 자취를 감추었다.

일곱 개의 대겁이 이렇게 불로 파괴되고 나면, 다음 대겁은 물(水)로 파괴되며, 욕계 전체는 물론, 2선천(二禪天)까지 파괴된다.

바람(風)으로 망하는 다음 일곱 번의 대겁이 끝날 때는, 위로는 3선천(三禪天) 하늘까지 파괴된다.

색계의 4선천(四禪天)은 8가지 허물이 없는 곳이기 때문에, 불이나, 물, 그리고 바람으로 파괴되는 일이 없고, 그곳 중생들의 죽음과 함께 개별적 환경이 사라질 뿐이라고 한다.

우리가 살고 있는 이 현겁(賢劫)의 첫 번째 20개 중겁의 성겁(成劫)이 시작될 때, 초선천이 형성됐고, 그곳 하늘 중생들도 다시 태어나기 시작했다.

이어 욕계 하늘 공거천, 네 곳의 중생들이 사는 곳이 생겼다.

우리들이 사는 세계도 10억 세계 속의 하나로 함께 등장했다.

이때 강력한 푸른빛의 바람이 반달 모습으로 불기 시작했고, 하늘에선 일곱 가지 보물이 비 오듯 떨어져 짙은 바람에 둘러싸인 광대한 원형의 흰 바다가 형성됐다.

바다의 진동으로 네모난 황금과 함께, 땅이 생기며, 이 셋이 인연이 돼, 붉은색 삼각형의 불이 생기자, 수미산의 기반과 그를 둘러싼 산맥과 4대륙, 그리고 8 대주가 완전한 모습을 드러냈다.

부드럽고, 멋진 물질로 된 땅의 표면이었으나, 몸이 생긴 누군가가 그것을 먹기 시작하기 전까지는, 중생들은 항문도, 성기도 필요 없었다.
그러나 배설을 위해, 이런 것들이 나타나고 나서부터 중생들의 몸의 광채는 빛을 잃기 시작했고, 딱딱하게 굳어진 땅은 곡물을 낳는 식물이 무성하게 자라기 시작했다.
그러나 누군가가 매일 매일의 식량에 만족치 않고, 쌓아 놓기 시작하자, 도둑질과 살생이 따랐다.

성행위 모습을 감추기 위해 집을 짓는가하면, 죄악과 삼악도가 나타나기 시작했다.
20겁의 성겁(成劫)은 축생과 아귀, 그리고 지옥 중생들의 거처가 마련됨으로써 끝났다.

이 같은 패턴은 10억 번이나 동시에 나타났고, 각기 지은 업에 따라 6도의 윤회중생들이 윤회의 고통을 반복해 맛보게 됐다.
우리가 살고 있는 현겁(賢劫)의 중겁(中劫)은 무기(武器)로 파괴될 예정이라고 한다.

한때 무량겁 이전에 '아레네미' 라는 덕이 높은 전륜성왕(轉輪聖王)이 온 세계를 유례없는 태평성대로 이끌며 지배하고 있었다. 성왕에게는 천명의 왕비와 천명의 아들이 있었다.

석가모니는 당시 성왕의 아들 중 하나였다. 당시의 부처님은 구나나라트나불이었다.

아레네미왕은 그 부처님을 흠모해 온갖 공양을 바치며, 아들들이 하나도 빼놓지 않고 부처님같이 위대한 공덕과 수행을 쌓아. 각각 1천의 나라를 다스리는 왕이 되도록 축복해주기를 기원했다.

구나나라트나불은 성왕의 간청을 받아드려 그의 아들들을 제자로 삼고, 모두 미래세에 성불할 수기를 주었다. 성왕이 간절히 아들들의 성불 순서와 시기를 묻자, 천명의 이름을 적어 보병에 넣게 한 뒤, 구나나라트나불이 순서대로 들어 올려 성불 순서가 정해진 것이다.

대겁(大劫)인 '빛의 겁' 장엄겁(莊嚴劫)을 지난 뒤, 역시 대겁인 현겁(賢劫)에 성불할 첫째 부처님이 구류손불, 둘째가 구나함모니불, 셋째가 가섭불, 넷째가 바로 석가모니불이었다.

우리가 자주 듣는 과거 7불이라는 말은, 현겁(賢劫) 이전, 장엄겁(莊嚴劫)에 마지막으로 성불한 단 세분의 부처님들 – 첫째 비파시불, 둘째 시기불, 그리고 셋째 비사부불 – 을 합친 숫자다.

석가모니부처님 뒤에는 현겁의 다섯 번째인 미륵불, 그 뒤로 여섯 번째 사자불(獅子佛) 등등 9백96명의 미래불이 출연할 예정이다.

2. 완벽한 성불(成佛)/석가모니 부처님의 성불과정

    석가모니불께서도 통상적인 방법으로 보살 10지까지 올라가신 뒤에야, 마지막 순간에 삼세제불의 도움으로 금강승을 만나 성불하셨다.

    그러나 후학들을 위해, 미리 밀교 수행을 시작해서, 보살 10지에 이르는 3 아승지 겁의 오랜 기간을 단축시킬 수 있도록, 본격적 금강승(밀교) 가르침을 펴셨다.

    대승 오위도가 지적하듯, 보살지 10지 후반에서 대승 무학도(無學道)의 성불을 위해서는 금강승 불교, 밀교의 수행이 필요하다.

    비록 경전과 탄트라에 모두 성불 과정이 묘사돼 있지만, 대승 경전의 수행을 통해서는 10지 보살지까지만 진입이 가능하다는 것이 금강승 불교의 가르침이다. 소지장(所知障)을 타파하는, 그래서 전지전능의 단계로 진입하는, 최후의 성불 수행 방식이 탄트라(금강승 밀교)에만 제시돼 있기 때문이다.

    초지 보살까지가 1아승지,
    초지보살에서 8지 보살까지가 1 아승지,
    다시 8지보살에서 10지 보살까지가 1 아승지,
    도합 3 아승지겁의 세월과 많은 환생 동안 계속되는 수행이 성불을 위한 수행에 소요된다는 것이 경전의 가르침이다. 그리고 석가모니 부처님 자신도 이런 과정을 거치셨다.

밀교를 수행할 수 없던 석가모니 부처님의 경우, 3 아승지 겁(劫)의 수행을 통해 보살10지에 이르러서야, 마지막 순간, 그를 돕기 위해 몰려오신 10방 삼세 부처님들의 가이드에 의지해 가까스로 밀교의 금강(金剛)삼매의 관문을 통할 수 있었다,

석가모니불은 어떤 수행으로 성불(成佛)하셨을까?
"그런 명상으론 완벽한 성불을 할 수 없네!"

가비라국 탄생 전에 이미 성불, 보리수 밑의 성도는 중생위한 앵콜 이벤트; 무수한 윤회 속 보살행, 고행의 연속 끝에 최후에 금강승 반야모 만나

흔히들 석가모니불이 성불한 것은 2천5백 년 전, 가비라 국 정반왕과 마야부인 사이에 태자로 태어난 뒤 출가, 6년 고행 끝에 인도 보드가야 보리수 밑에서 소승의 명상수행을 통해 비로소 깨달음을 얻은 것으로 말하곤 한다.
그러나 이것은 중생들에게 시범을 보여주시기 위한 부처님의 외형적인 앙코르 이벤트에 불과하며, 실제로는 이미 그 훨씬 이전에 최후의 비밀 금강승 수행을 통해, 완전한 성불을 가능케 했다는 것이 금강승의 해석이다.
이것을 가리켜 석가모니 부처님이 마야부인의 태중에 입태하시기 전인 무량겁 이전에 성불하신 분이라는 말의 뜻이다.

석가모니불의 전생은 금강승을 만나지 못해, 3 아승지겁에 걸친 오랜 윤회 속에 소승 수행과 대승보살행을 차례대로 계속해 오셨

다. (전생담 참조), 그는 가비라 국 왕자로 태어나기 이전의 생애에 드디어 보살 10지(地)의 경지에 이르러, 역시 보드가야의 보리수 밑에서 마지막 선정, 허공정(虛空定)에 머물고 계셨다.

그때 이 모습을 안타깝게 지켜보던 시방 삼세의 부처님들이 모여 함께 몰려와, 손가락을 튕기며 석가모니불의 전생을 삼매에서 깨어나게 한 뒤, "그런 참선만 가지곤 완벽한 성불을 할 수 없네!"라고 지적했다.

"그러면 어떻게 해야 되겠습니까?"라고 보살(싯다르타)이 간청하자, 시방 삼세의 모든 부처님들은 천신(天神)의 딸이자, '빛나는 섬광'이라고도 알려진 반야 무드라 (수행의 파트너), 틸로타마양을 데려왔다.

보살(싯다르타)에게 금강승불교 (밀교), 무상요가탄트라의 발기(發起)차제를 생략한 채, 곧장 반야지혜 관정을 내려주기 위해서였다. 삼세의 부처님들은 이어 보살(싯다르타)에게 구경차제(究竟次第)를 소개한 뒤, 이를 수행할 것을 명했다.

자정이 되자, 금강승 행자 보살(싯다르타)이 3공(空)을 차례대로 녹인 뒤, 4공(空)에 돌입, '궁극적 모범의 명광(明光)'을 얻고, 다시 그 명광(明光)에서 나오며, 환신(幻身)을 성취하자, 모든 부처님들은 네 번째 말씀의 관정을 내려주었다.

그 결과 새벽녘이 돼, 드디어 '의미의 명광(明光)'의 지혜를 얻었고, 보살(싯다르타)은 그 금강삼매의 힘으로, 가장 어려운 관문인 소지장을 뚫어, 드디어 마하바즈라다라(金剛大持) 부처님의 경지를 성취, 완전한 성불을 얻는 데에 성공했다.

보신불, 마하바즈라다라(金剛大持)가 된 석가모니 부처님은 색구경천(色究竟天) 하늘에 머물며, 다시 자신의 화신인 싯다르타를 인간계로 내려 보내, 룸비니동산에서 마야부인의 몸을 빌려 가비라국 정반왕의 태자로 태어나게 하는 등 '12가지 부처님의 이벤트(여덟 가지 모습, 8相)'를 시범으로 보여주신 것이다.

● 부처님의 12대사(大事)
(깨달음을 얻는 마지막 생애에서의 12가지 부처님의 업(業))

1. 도솔천에 머뭄
2. 인간의 태중(胎中)으로 내려오심
3. 태어남
4. 교육
5. 결혼과 쾌락
6. 네 가지 만남과 출가 (四門出家)
7. 고행(苦行)
8. 보리수아래의 명상
9. 항마(降魔)
10. 정각(正覺)
11. 전법륜(轉法輪)
12. 무여열반.

● **부처님의 '팔상록'**
(12대사를 줄여서 기록한 것)

팔상(八相) :
1. 하천(下天)   2. 탁태(托胎)
3. 강탄(降誕)   4. 출가(出家)
5. 항마(降魔)   6. 성도(成道)
7. 전법륜(轉法輪)   8. 입열반(入涅槃)

그는 왕자로 성장한 뒤 결혼 생활을 했으나, 중생들을 구하기 위해 성불해야겠다는 전생 때 발심한 보리심을 되찾아 출가했다.

단식 등을 포함한 6년 고행 끝에 야윈 몸으로 그는 니련선하(尼蓮禪河 Nairanjana) 강둑에서 허공무변삼매에 빠졌다.

이때 시방 삼세의 부처님들이 다시 몰려와 손가락을 튕기며 그를 삼매에서 깨운 뒤, "고행(苦行)으로 망가진 몸을 갖고는 마구니를 쳐부술 수 없을 뿐 더러, 그런 삼매를 갖고는 도저히 소지장을 없앨 수 없을 것"이라고 나무랬다.

시방 삼세 부처님들의 충고를 받고, 싯달타는 처녀 수자타양이 공양한 우유죽과 충분한 음식을 섭취하고 목욕을 한 뒤 원기를 되찾고, 강을 건너, 다시 보드가야의 보리수 아래로 향했다.

모든 부처님들은 '하늘의 13대 미녀' 중 하나로 일컬어지던, 천신의 딸 틸로타마를 호출해. 싯다르타에게 전생에서처럼 금강승 밀교 무상요가탄트라의 반야지혜 관정을 내려주었고, 전생 때의 방식으로 발기차제(發起次第)를 생략하고, 싯다르타를 바로 구경차제(究竟次第) 단계로 돌입시켰다.

싯다르타는 새벽녘에 금강삼매로써 소지장을 돌파하고 법신불(法身佛)과 색신불(色身佛)을 완비한 완벽한 부처를 이루었다.

석가모니부처님은 불법을 전하시며, 중생들의 근기에 따라 소승, 대승의 경전 현교 외에 탄트라의 밀교, 금강승을 가르치심으로써, 최상근기의 불자들이 성불까지 가는 불교수행에 3아승지 겁이라는 오랜 시간을 허비하지 않고, 수행의 효력을 최대한으로 늘여 시간을 앞당기며, 나아가, 즉신성불(卽身成佛)까지도 가능한 수행법의 행운인 밀교를 우리에게 전해주셨다.

현겁 1천불 가운데에 밀교의 가르침을 펼쳐주실 부처님은 네 번째 부처님인 석가모니불, 11번째의 부처님 선숙불(善宿佛), 그리고 마지막 1천 번째 부처님 누지불(樓至佛) 등 오직 세분뿐이라는 기록이다.

우리들은 부처님을 만난 것도 행운이지만, 성불의 시기를 앞당겨줄 기막히게 고귀한 금강승 불교(밀교)를 석가모니불 공덕으로 만나게 됐으니, 기막힌 행운이라 아니할 수 없다.

3. 석가모니불의 금강승 전법(轉法)

● 네 클라스 탄트라별 전법 방식

석가모니 부처님은 4클라스(級)의 금강승 불교를 전하셨지만, 탄트라에 따라 모습을 달리해 화현하셨다.

- 작(作)탄트라
  수미산 산정의 33천(天)에서 스님의 모습을 하고, 천인들을 위해 전해주셨다. 또 인간계에서 이를 전하실 때는 문수사리보살을 청법자(聽法者)로 정해 전하셨다.

- 행(行)탄트라
  직접 화신의 모습으로 친히 천계(天界), 그리고 화장(華藏)세계에서 전하셨다.

- 요가 탄트라
  수미산과 욕계 5천(天)의 여러 곳에서 각 만달라의 중앙 본존 모습으로 전하셨다.

- 무상요가 탄트라는 다시,
  '구하야사마자(비밀집회) 탄트라' 는, 부처님이 오디야나에서 인드라부티왕의 청법(請法)에 의해 '구하야사마자(비밀집회) 탄트라'의 만달라를 화현해 전하셨다.

'야만타카 탄트라' 의 경우, 부처님이 야만타카의 비(妃)와 칼라차크라 비(妃)의 설법 요청[勸請]으로 마(魔)의 세력을 제압하기 위해 전하셨다.

'헤바즈라 탄트라' 의 경우, 부처님이 마가다의 나라에서 사마(四魔)를 정복하시던 중, 헤바즈라의 비(妃)와 바즈라가르바의 설법요청으로, 헤바즈라의 모습으로 나타나시어 전하셨다.

'헤루카'의 근본 탄트라는 바즈라요기니의 요청으로 설하셨고. '헤루카'의 해설 탄트라는 바즈라파니의 설법 요청으로 전하셨다.

'칼라차크라 탄트라' 는 부처님이 인도 남쪽 다르나코타카의 사원에 가시어, 찬드라바드라왕을 비롯한 여러 불자들을 위해, 칼라차크라 만달라 에 얹힌 '다르마다투'(법계)의 말씀 '의 만달라를 펼쳐 보이시며 전하셨다.

이외에도 많은 탄트라의 가르침을 바즈라파니의 세계 등지에서 석가모니 부처님께서 직접 전하셨고, 많은 탄트라들은 부처님의 위신력에 의해 문수사리 보살, 관음보살, 바즈라파니 보살 등이 해설하기도 했다.

● 부처님이 여러 승의 가르침을 펴실 때 보이시는 여러 가지 모습

금강승 불교, 밀교는 부처님께서 다섯 가지 완벽한 여건이 마련됐을 때, 들어내 보여 주신다고 한다.

석가모니 부처님께서는 무시무종의 법신(法身)에서, 모든 부처님들의 일미(一味)인 '중생을 구제하겠다는 서원'을 실현하기 위해 보신(報身), 그리고 다시 화신(化身)으로 화현하신 우리의 완벽한 본사(本師, 근본법사)다.

부처님은 소승을 설하실 땐, 머리 깎은 출가 승려의 모습으로만 등장하신다.

부처님은 대승을 설하실 땐, 때로는 머리 기른 천신의 모습을 하시며, 천신들과 천룡팔부 신장들의 호위를 받으신다.

부처님은 금강승을 설하실 땐, 온갖 영락과 장식, 그리고 모자(冠)를 쓴, 장발 미남의 본존(本尊)차림에 미녀 명비(明妃)를 대동하시고, 무시무시하게 생긴 호법신장들의 호위를 받는 보신불의 모습으로, 설법하신다. 때로는 아름다운 16세 여성의 모습을 한 여자 부처님의 모습으로도 나타나신다.

영취산에서 대승불교 반야경을 설하시던 석가모니 부처님께서 금강승불교를 설하기 위해 동시에 다른 곳에도 직접 모습을 나타내시기도 했다.

부처님이 반야경을 설하시던 같은 시각에 다른 곳에도 모습을 나타내신 장소는 당시 도력(道力)이 높은 수행자들이 몰려있던 인도 남부의 다냐카타카 왕국이며, 이곳에서 설하신 금강승 밀교는 칼라차크라(시간의 바퀴, 時輪)탄트라였다.

이 법회에는 인도 서북부 샴발라 왕국의 국왕도 참가해, 칼라차크라 탄트라 가르침을 받아 가져가 수행해 깨달음을 얻었다. 칼라차크라 관련 문헌에는 샴발라의 역대 왕들과 후세의 종교 지도자들의 등장을 비롯한 여러 예언들이 실려 있어, 화제가 되기도 한다.

완전한 여건이 마련된 색구경천(色究竟天) 정토에서 금강승불교를 설하실 때의 석가모니 부처님은 보신불 '바즈라다라'(집금강, 執金剛/金剛大持)부처님의 모습으로 나타나셨다고 한다.

대락(大樂)과 하나가 된 공(空)의 지혜로 일체의 집착과 애착에서 벗어난 비관념적인 상태를 '금강'(金剛, 바즈라, Vajra)이라고 하며, 진리의 법신세계와 본초적 지혜의 불이(不二)의 상태를 '지'(執, 持, 다라, Dhara)라고 한다. 진리 자체이신 법신(法身)은 설법을 하지 않지만, 색신(色身)인 보신(報身)과 화신(化身)의 모습으로만 설법을 하신다.

석가모니 부처님의 밀교적 모습이 밀교의 법신이자 보신인 '바즈라다라'(금강대지, 金剛大持) 부처님이다.

바다와 같이 많은 여러 클래스의 탄트라가 색구경천(色究竟天)의 정토에서 상징적인 방법으로 쉴 사이 없이 설해졌으나, 보신불(報身佛)의 설법은 오직 정지(淨地)인 보살 8지(地)와 9지 이상의 높은 경지의 지상보살들만이 알아들을 수 있다.

부처님은 이어 조복이 어려운 중생들을 위해 분노상 헤루카의 모습으로 화신의 정토와 세속세계에 까지 모든 분노존(忿怒尊)의 만달라를 펼치셨다. 석가모니 부처님은 비밀탄트라를 전하기 위해 수미산 정상에서 바다 밑에 이르기 까지, 다시 그의 화신을 보내셨다.

금강승 밀교가 지상에 전파되기 시작한 또 하나의 경로, 지상에 밀교의 만달라를 보여주기 위해 나타나신 대표적인 곳이 인도 중부와 스리랑카, 그리고 동아시아 지역 등등에 달한다는 설도 있다.

탄트라는 바즈라파니(금강수)에 의해 기록, 편찬됐고, 이때 사용한 언어는 프라크리트어, 팔리어에 가까운 이 프라크리트어에 가까운 불교식 혼합 산스크리트어, 그리고 다키니(空行母)의 말이었다고 한다.

4. 금강승 불교, 그 첫 제자들은?

● 오디야나의 인드라부티왕과 샴발라의 수찬드라왕

티베트의 대 불교학자 타라난타(1575-1634)가 전하는 금강승 불교의 첫 전법과정을 살펴보자.

석가모니 부처님의 수제자들 중엔 소승이면서도 신통력을 얻은 수행자들이 많았다. 이들은 부처님이 전법을 위해 멀리 이동하시면, 법복을 날개삼아 하늘을 날아 뒤따라 가곤했다.

인도 서쪽에 있던 오디야나의 인드라부티왕은 부처님과 동갑이었다. 왕은 어느 날 하늘을 날아다니는 불교수행자들의 모습에 놀라 신하들에게 물었다. "새처럼 날고 있는 저 사람들이 누구이며, 어떻게 저것이 가능하단 말인가?"

"가비라국의 태자 싯달타가 출가해 성불한 뒤 많은 제자들을 배출했다는 소문을 미루어 짐작하건데, 저들은 필시 석가모니 부처님의 제자들일 것입니다"라는 게 신하들의 대답이었다.

"제자들의 능력이 저 정도라면, 그 스승의 경지는 말할 수도 없을 것 같다. 어떻게 하면, 부처님을 우리나라로 모셔다 짐도 수행할 수 있을까?"라고 왕이 다시 물었다.

"부처님은 전지전능한 분이시고, 부처님의 눈은 모든 것을 꿰뚫어 보실 수 있다합니다. 부처님의 방문을 지극한 정성으로 기원하시면, 폐하의 소원이 틀림없이 이루어질 것입니다."신하들의 대답이었다. 인드라부티왕은 지극하게 부처님의 왕림을 간청하는 기도를 했다. 왕사성에 머물며 이 기도를 듣고, 그 모습을 보신 부처님은 문수보살, 바즈라파니. 천신들 등 제자들과 함께 오디야나에 왕림해주셨다.

"나를 이곳에 초청한 이유를 말 하십시오" 라는 부처님에게 인드라부티 왕이 대답했다.
"저도 부처님과 같이 훌륭한 공덕과 지혜를 갖추기 위해 불교를 수행하고 싶습니다.
저에게도 제발 그 훌륭한 수행법을 하교(下敎)해 주십시오."
"불교에서의 해탈과 성불은 모든 세속의 애착과 감각적 쾌락을 끊고 삼계(三戒)를 호지하며, 수행하기 전에는 불가능 합니다"가 부처님의 대답이었다.

인드라부티왕은 낮에는 절세미녀들인 5백 명의 왕비, 밤에는 다시 또 다른 5백 명의 왕비 등- 도합 일천 궁녀, 아니, 일천 왕비들의 시중을 받고 있는 처지였다.
왕은 한참 생각 끝에 다시 부처님께 호소했다.

"저는 일생을 호화로운 왕궁 속에서 살아왔습니다. 저는 숲 속이나 산사에서 수행하기엔 이미 너무 오랜 세속의 세련되고 편리한 생활에 익숙해 졌습니다.
이 단계에 와서 이 아름다운 왕비들과 궁중생활을 버리고 떠날 수 없습니다.

내생에 제가 똥을 먹고사는 개나 돼지, 여우로 환생하는 업보를 받는다 해도, 이생의 저는 제 왕국에 대한 책임을 저버릴 수 없고, 세속에 대한 애착과 감각적 쾌락을 끊고 출가할 수도 없습니다. 출가하지 않고 세속에 남아 있으면서도 성불하는 방법은 없습니까? 그 방법이 있다면, 혼신을 다해 열심히 수행 하겠습니다."

돌연 석가모니 부처님을 따라왔던 소승 아라한들의 모습이 어디론가 사라져버렸다.

석가모니 부처님은 거대한 만달라를 펼치시며, 그 동안 깊이 감춰두었던 금강승 불교를 왕에게 지도해주기로 결정했다. 이 가르침은 너무나 귀중하여, 위대한 보리심과 높은 지혜가 없는 사람들에게 맡기기에는 위험부담이 높은 길이었다.

그러나 왕의 높은 보리심과 지혜 그리고 공덕은 금강승을 전수받을 자격이 있다고 판단하셨기에 그를 제자로 받아들인 것이다. 부처님은 소승의 제자들과 왕의 신하들의 눈에는 띄지 않는 방법으로 금강승을 왕에게 전수했다.

석가모니 부처님이 구히야사마자 부처님의 모습으로 나타나 왕에게 관정을 내리며, 인드라부티왕이 처음으로 전수받은 금강승 불교는 무상요가탄트라 가운데, 부계(父系) 탄트라, '구히야사마자'('비밀집회')탄트라였다.

또 모계(母系) 탄트라, '차크라삼바라' (헤루카, 바즈라요기니)등도 수행해 깨달음을 얻은 왕은 결국 오디야나의 신하들, 국민들에게도 이 가르침을 펴, 수행시켰다.

그 결과 오디야나의 온 국민들은 물론, 모든 축생들과 미물들 까지 함께 대거 성불해, 불국정토로 올라갈 수 있었다고 한다.

석가모니 부처님에게서 금강승을 전수받은 또 한명의 왕은 오디야나 근처 어딘가에 있는 것으로 알려진 샴발라의 수찬드라왕이다. 당시 부처님은 인도 영축산에서 반야경을 설하시다가, 동시에 남인도 다냐코타카 왕국으로 날아가 금강승을 설하셨다.

그곳은 정신수행의 전통이 무르익어가고 있었고, 수많은 구도자와 요기, 학자들이 많이 모여 있었기 때문이었다. 부처님은 이들에게 '칼라차크라'(時輪)를 전수하셨다.
높은 불심을 품고 금강승 수행의 꿈을 꾸어오던 샴발라의 찬드라바드라왕이 이때 인도 대륙을 남하하는 대장정의 구도여행을 감행해 법회에 참가한 것이다.
이렇게 해서, 금강승의 가르침은 북 인도를 통해 중앙아시아의 여러 나라로 전해졌다.

오디야나는 오늘의 아프니카니스탄 부근으로 추정된다. 그곳 바미안 계곡에는 세계 최고 최대의 석불이 남아있을 정도의 깊은 신심이 인드라부티왕 시절부터 심어져, 전 국민이 성불해 불국정토로 왕생했다고 전해져온다.

Ⅲ. 금강승에 대한 오해와 폄훼

● 첫째. 금강승 불교가 힌두교 탄트라와 다름이 없고, 거기서 영향 받았다는 오해.

이러한 오해와 비난은 정통 불교 탄트라인 금강승불교가 대외비(對外 秘)의 베일에 보호되고 있는 동안, 서방세계에 힌두 탄트라가 먼저 널리 공개된 영향도 있다.

네팔에 강탄하신 석가모니 부처님이 널리 불교를 펴신 곳은 인도 지역이었고, 당시의 인도의 언어로 당시의 환경에 맞는 표현방식에 의존해 가르침을 펴셨으며, 당시 인도의 언어로 전해져온 것은 당연한 사실이다.

본존이나 우주도의 신(神)들의 이름, 범천(브라마), 제석천(인드라), 또는 요가 수행에 있어, 신경총(叢輪, 차크라), 맥(中脈, 나디), 적(滴, 빈두), 진언(眞言, 만트라), 업(業, 카르마), 열반(涅槃, 닐바나) 등 고전적 불교 산스크리트어 용어가 인도식 언어와 모습과 중복되거나, 유사하게 전달되는 측면이 있다고 해서, 내용이 같다고 우기면, 그건 오해다.

비유하자면, 마치 같은 공통의 한국어로 교육되는 태권도나 여타 무술 합기도의 용어(차기, 막기, 시작, 갈려 등의 구호나 용어)가 같은 한국어이기 때문에, 태권도와 합기도가 똑같은 무술이라고 외국인들이 우기는 것과 같다.

마치 중국 도교와 유교가 똑 같은 한문, 중국어로 전해졌다고 해서, 도교와 유교가 같은 도(道)라고 주장하는 것과 마찬가지 논리다.

이 같은 용어의 유사성이 불교와 힌두교의 내용까지 같다고 생각하는 것은 언어도단이다.

불교 전반의 발전과 특히 금강승 불교에서 영향을 받아 브라만교가 독자적으로 발전해 등장한 것이 힌두교다.
하늘 세계를 포함한 윤회의 세계, 삼계에서의 해탈과 성불을 가르치는 불교를 특정 하늘의 창조주이자 신(神) 들과의 합일(合一)을 이상으로 보는 힌두교 등, 외도(外道)와 동일시하는 것은 출발부터가 완전한 착각이다.

마치 여호와, 요단강, 바이블, 천사, 천국, 선지자, 예언자 등 비슷한 유태의 단어나 유태 이름의 신, 인명 지명 등이 등장하는 유태교와 천주교/기독교 또는 이슬람교가 꼭 같다고 말하는 것 보다 더 심한 망발이다.

● 둘째. 금강승 불교, 탄트라 불교가 섹스를 주로 다루는 힌두교 탄트라와 다름이 없다 라는 오해.

힌두 탄트라의 남성신 시바와 여성신 샥티가 등장하는 합환상(合歡像)은 '카마수트라' 라는 힌두 섹스 성전(性典)과 함께 일반에게도 널리 알려져 있다.

이른바 좌도(左道)밀교 탄트라라는 단어 자체의 기원은 엄격히 힌두 탄트라에서 유래했고, 힌두 탄트라에만 해당되는 단어다.

이러한 힌두 섹스 문화에 익숙한 사람들은 쉽게 금강승불교의 일부 탄트라에 등장하는 부모존(父母尊) 탱화를 혼동하는 실수를 빚는다. 금강승 불교의 부모존은 부처님의 깨달음이 자비(방편)와 공(空)을 깨닫는 지혜가 합일돼야 가능하다는 상징이다.

부존 부처님은 자비(방편)의 상징이며, 모존 부처님은 공(空)을 깨닫는 지혜를 대변하는 모습이다.

그렇다고 해서 불교가 섹스와는 담을 싼 철저한 금욕주의라는 뜻은 아니다. 대승불교와 소승불교, 그리고 출가자와 재가자들 사이에서는 엄연히 서로 다른 계율이 존재한다.

소승불교에서도 재가 불자들에게는 섹스 자체가 불선업(不善業)이 아니다. 단지 사음(邪淫)만이 오계(五戒)가 불선(不善)으로 보는 대상이다.

'불음계(不淫戒)'는 일체의 번뇌나 욕망의 불을 완전히 꺼버리고 오직 범행(梵行)을 통해 삼계의 세계에서 자신의 출리(出離)를 완성하고자 아라한이 될 결의를 하고 삭발 출가한 출가비구, 또는 비구니들이 택하는 수행방법이자 계율이다.

세간의 재가 불자들이 보살의 깨달음을 추구하는 대승 불교는 이와 다르다.
대승불교 수행자들의 대부분은 배우자를 둔 재가불자들이다.
소승 출가자를 중심으로 하는 사찰중심의 수행 체제가 아니다.

더욱이 세간과 출세간, 출가자와 재가자에 분별을 두지 않는,
금강승에서는 섹스에 대해서도 마찬가지로 분별을 두지 않는다.
섹스에 대한 장려도, 혐오도 없다.

그러나 출가한 비구 비구니들의 경우, 소승계 대승계 금강승계 등, 서로 척도가 다른 삼계(三戒) 사이에서 갈등 할 수도 있다.
대부분의 금강승 불교 출가 승려들도 '불음계(不淫戒) 준수'는 엄격하기 때문이다.

● **셋째, 금강승 불교에는 삭발 출가 승가에 못지않은 유발 재가 승가가 더 많이 활약해, 승가의 한계가 모호하다는 오해.**

대승불교의 승가(僧伽), 그리고 금강승불교의 승가는 출가자와 재가자 남녀들로 구성된 불자들의 신행공동체(Sangha)를 뜻하는 말이다. 따라서 승가라는 공동사회 구성원에 재가자가 더 많거나, 출가자가 더 적거나, 이것이 문제가 될 일이 아니다.

그러한 오해나 비판은 불교수행의 중심이 출가승들의 승단이나 사찰 중심이어야만 한다는 소승 전통 특유의 시각에서 보는 분별의 결과라고도 할 수 있다.

불교수행은 출가자들이나 남성수행자들의 전유물이 아니며, 재가자들도, 여성들도 얼마든지 선지식이 되며, 불교 수행을 리드할 수 있다. 이것이 가장 발달된 형태의 불교인 금강승 불교, 밀교의 전통이다.

대승/금강승에서의 승가(僧伽)와 출가 승려(僧侶)는 전혀 다른 뜻이다.
'승가(僧伽)'는 '재가자와 출가자들의 공동사회'를 뜻하는 데에 반해, '승가(僧家)'라는 신조어는 글자 그대로 '출가승, 승려의 가계(家系)'다.

금강승불교(밀교)에서도 배우자가 없는 출가승의 경우만, 머리를 깎은 삭발 승복이며, 재가 불자는 유발이며 승복이 아닌 평복을 입고 있는 명확한 외관상 신분 구별이 있어, 한계가 모호할 아무런 이유가 없다.

금강승에서는 배우자가 있는 재가 '스승'(선지식, 금강법사)들은 오히려 떳떳이 머리를 기르고 평복을 입고, 승가(僧伽)를 지도한다. 한계가 명확하다.

이러한 한계의 모호성이 존재하는 곳은 오히려 대처승, 은처승이라는 단어가 등장하는 일반 대승 출가종단이 더욱 심한 현실이다.

참고로, '금강법사(法師)', 또는 '금강상사(上師)', '구루', 라마. 이런 단어는 일반 머리 깎은 '출가 승려'를 가리키는 말이 아니다. 머리를 깎았다고, 곧장 금강법사나 구루가 되는 것은 물론 아니다. 불교를 지도하는 '스승', '선지식'이 되려면, 많은 공부와 수행을 거쳐야한다.

머리 깎고 승복 입은 출가자들을 모두 법사나 '선지식'으로 본다면, 그것이야 말로, 크나큰 오해와 비난의 출발점이 된다.
삭발출가자와 선지식의 한계를 혼동하는 것이기 때문이다.
이것은 마치 일반 대학에서 교수와 학생이 똑 같이 머리를 기르고 있다고 해서, 교수와 학생을 혼동하는 것과 다름이 없다.

금강승 불교에서 말하는 금강법사(法師), 또는 금강상사(上師)는, 재가나 출가자의 구분이 없이, 꼭 같이 불법(佛法)을 펴는 '귀중한 존재' 인 '선지식' 에 국한되는 말이다.

이들은 출가자나 재가자 불자들의 모임인 승가 전체의 존경을 받고 있다.

● 넷째, 무신론(無神論)으로 알려진
  불교임에도 불구하고, 금강승 불교에는
  많은 신(神)과 천신, 귀신 까지 등장하며,
  마치 샤머니즘과 분간하기 힘들 정도의
  미신적 신비주의로 가득 차있다는 오해.

"불교는 무신론(無神論)이며, 따라서 신(神)이 아닌, 일개 인간인, 가비라국의 왕자가 출가해서 깨달은 인문주의(人文主義)에 입각한 철학이며, 학문일 뿐이다." – 이러한 오해와 착각은 소승 불교적 입장에서 불교를 단편적으로 알아온 사람들, 또는 대승, 금강승 등 불교 전반에 대해 전혀 무지한 외도(外道)들이 공통적으로 펴는 일방적인 주장이다.

불교는 인문주의 철학이나 학문(과학)이 아니다. 석가모니 부처님은, 불경에서 가르치고 있는 것과 같이, 도솔천(天)이라는 하늘의 정토에서 인간 모습의 화신불(化身佛)로서 지상에 내려오시는 모습을 보여주신 분이다.

하늘의 존재들을 천신(天神)으로 본다면, 부처님은 '천중천'(天中天)이시다.

불교를 무신론(無神論)이라고 서양학자들이 부른 진짜 이유는 불교가 "그들이 믿는 유일신의 존재를 인정하지 않고, 그들의 신보다 더 높고 귀하신 분, 부처님이 계셔서 섭섭하다."는 뉘앙스다.

부처님은 "천신들이나, 산신, 용신 등 모든 신(神)들의 존재"를 인정하시지만, 오직 '창조신'만 없다고 밝히신 분이다.

불경에는 "부처님께서 자기가 만물을 창조했다고 생각하는 범천(梵天)에게 '오해하지 말라. 그건 착각이다.' 라고 나무라시는 장면"도 나온다.

금강승 불교에서는 이들 천신들이나 속신(俗神)들 가운데, 부처님께 불법옹호를 서약한 선신(善神)들이 대거 등장한다. 이들을 불자들이 호법 신장으로 모신 것이다. 비단 이들 속신들 뿐 아니라, 부처님이나 천상보살님들의 화현인 많은 본존(本尊)들도 호법 신장으로 활동하신다. 이분들은 정법과 깨달음을 얻기 위해 수행하는 불자들의 생활을 후원해주시고 수호해 주신다.

부처님이나 천상보살님들의 화현인 이들 본존(本尊)들은 마치 신(神)과 같은 신비한 힘과 능력을 갖추셨기 때문에, 이분들을 산스크리트어로 데바(Deva, 천신, 신)라고 부르며, 금강승 불교에서는 우리말로 본존(本尊) 또는 신(神)으로도 번역해 부르고 있다.

불교에서 말하는 무신론(無神論)이란 말은 "신(神)의 경지보다 더욱 높으신 천중천(天中天)이신 부처님의 가르침을 따른다."는 뜻이지, "신(神)보다 위신력이나 신통력이 훨씬 떨어지는 인간을 믿는 종교"라는 뜻이 아니다.

이것을 신비주의라고 매도하는 것은 부처님의 존재나 가르침을 자기들이 보는 '인간의 틀(차원)' 속에 한정시키겠다는 불순한 동기거나, 아니면, 근본적으로 대승불교에 대해 무지몽매한 탓이다. 대승 불경을 독송하며, 그 뜻을 이해한 불자들이라면, 누구나,
부처님이 설법하시는 법회에는 의례 많은 천신(天神)들과 천룡팔부의 신장(神將)들이 몰려와 삼배(三拜)를 올리고, 엄숙히 법문을 듣는다는 사실을 잘 알고 있다.

● 다섯째, 금강승 불교에는 신통력, 초능력이 자주 논급돼, 마치 마술을 보는 것 같은 착각이 든다는 불평.

불교는 궁극적으로 해탈과 깨달음을 지향하는 가르침이다.
그리고 그 대표적 수행방법은 문사수(聞思修) 삼혜(三慧)를 닦는 것이며, 이를 위해 계정혜(戒定慧)라는 높은 공부, 삼학(三學)을 의지한다.
그리고 삼혜 가운데 마지막 수혜(修慧)는 삼학(三學)중 정혜(定慧)의 공부에 달렸고, 그 방법은 선정과 지혜를 닦는 지관(止觀)에 귀결된다. 대승불교의 수행과제인 육바라밀 가운데서, 선정바라밀과 반야바라밀이 바로 지관이다.

지관 가운데에 지(止)의 명상상태에서 텔레파시 등 신통력과 초능력이 현현되기도 한다.

그러나 이것은 불교 명상에만 국한되는 것은 아니다. 힌두교나 여타 종교의 명상에서도 세속적 신통력과 초능력이 나올 수 있다.

불교에서는 세속적인 세계, 윤회에서 벗어나 초월하는 출리(出離)를 그 목표로 삼기 때문에, 세속적 신통력을 강조하지 않고, 오히려 부산물로 받아드린다.

금강승 불교 수행은 정혜(定慧)의 방식이 관상(觀想)으로 이뤄지며, 지관 쌍수(雙修)의 치열함이나 효율성이 다른 부파보다 훨씬 앞서기 때문에 신통력과 초능력을 보여준 성취자들의 예나 기록이 많은 것은 사실이다.

또 중생들을 돕는 것을 서원으로 하는 대승 밀교인 금강승에서는 보살행을 위해서는, "신통력이 중생들을 돕는 보살행을 위해서는 도움이 되고, 필요하다."고 본다.

"오신통(五神通)이나 팔성취(八成就)등 세속적 신통력 없이 중생들을 돕는 보살행을 한다는 것은 '두 날개 없이 날겠다.' 고 날개를 펄럭이는 것"이기 때문이다.

불자들의 불교수행을 저해하고 장애하는 사마(四魔)나 악(惡)의 세력에서 보호하는 호법 신장들의 가호를 요청하는 특별 기도와 명상법도 있다.

그러나 금강승 불교의 궁극적인 신통력은 누진통(漏盡通)을 통한 완전한 깨달음을 이루는 성불에 있다.

〈바즈라다라〉

IV. 세계의 금강승 불교사

1. 한국: 호국의 금강승, 중국(수, 당)의 간담을 서늘케

우리나라는 금강승이 불교의 주역으로 일찍부터 받아드려져 융성한 역사를 갖고 있다.

외적으로부터 나라를 지켜주는 호국불교로서의 금강승 역사는 신라시대, 660년대, 티베트에 첫 불교사찰 삼예사가 세워지기 (762-766) 무려 1백 년 전의 일이다.

삼국유사의 몇 장에서만 인용해 보기로 하자.

신라를 침공하려던 당(唐)의 대군을 문무왕의 요청으로 금강승 불교의 '문두루'(文豆婁, Mudra) 비법에 의지해 격퇴시킨 명랑

(明朗)법사는 서해 바다 용(龍)의 공양을 받는 등 신통력의 소유자로 알려졌다. 신라를 침공하기 위해 동해에서 진을 치던 설방(薛邦) 휘하의 당(唐)의 50만 해군병력은 명랑법사가 신유림(神遊林)에 서둘러 세운 문두루 도량에서 법회가 열리며, 모두 바다 속에 침몰해 버렸다.

뒤에도 다시 당 나라 고종은 조헌(趙憲)휘하에 5만 대군을 보내 신라를 침공하려했으나, 역시 문두루 비법에 의해 침략군은 모두 동해의 고기밥이 돼버렸다.

당(唐)의 고종은 신라인들을 만날 때 마다, "너희 나라에는 무슨 비법이 있어, 두 번이나 많은 병사를 보냈는데, 살아 온자가 없느냐?"라고 묻곤 했다.

이 문두루 도량은 후에 사천왕사(四天王寺)가 됐다. 명랑법사는 용수보살이후 해룡(海龍)의 청을 받고 용궁을 다녀 온 두 번째 신통력의 소유자로 알려졌다.

명랑법사는 용궁에서 비법을 전수받아 황금 천량을 갖고 땅속을 잠행해 신라의 자기 집 우물을 통해 나와, 그곳에 절 금광사를 지었고, 이어 고려 초에 세워진 우리나라 초기 금강승 종단인 신인종(神印宗) 시조로 받들어 졌다.

고려 태조의 건국시기에도, 우리나라를 침공하는 외구(해적)들을 진압하는 데에 신인종의 문두루 법회가 자주 요청됐다는 기록도 삼국유사에 나온다.

명랑법사 뿐 아니라 의상대사의 경우에도, 중국에서 용녀(龍女)가 돼 동해바다까지 찾아온 의상대사를 사모하던 중국의 여인의 이야기가 의상대 옆 낙산사의 홍련암 주변에서도 전해온다. 또 원효대사의 경우, 밀교경전인 금강명경소(金剛明經疏)8권을 쓸 정도로 밀교에 해박했던 것으로 알려졌다.

신라에는 당에 온 인도 마갈다국 법사 선무외삼장에게 법을 구해온 혜통(惠通)삼장이 돌아와 밀교를 편 후에 진언종의 종조가 됐다.

신통력을 부리며, 재가법사인 자신을 모욕하는 밀교승 인혜(因惠)법사를 공중에 거꾸로 매달리게 한 밀본(密本)법사의 에피소드도 삼국유사에 실려 있다.

고구려의 경우, 수양제(隨煬帝)가 30만 대군을 거느리고 살수(薩水)를 건너오려 할 때, 이를 물리치기 위해 을지문덕 장군을 도운 7명의 (밀교)스님이 이 깊은 강을 천연스럽게 걸어서 건너는 모습을 보여줌으로써, 수나라 대군이 강물에 뛰어들어 스스로 패전케 유도한 것으로 고기(古記)에 전해진다.

이 밀교 수행자들의 업적을 기리기 위해 이곳에 칠불사(七佛寺)가 세워졌다는 것이다. 수행 내용은 나중에 이야기하자. 그리고 지금 신통력을 얘기하자는 것이 아니다. 요즘 불교계에서 화두가 되고 있는 민중 재가 불교, 참여불교의 한 예를 흔적을 삼국유사의 몇 페이지에 담긴 금강승 불교의 역사에서 인용한 것뿐이다.

티베트에 초기 불교를 전하는 데에는 인도의 고승들과 재가 요기(성취자)들, 티벳 왕에게 시집을 온 네팔과 중국의 공주들, 그리고 '신라의 김 화상(金 和尙)' 등 우리나라 고승들의 활약도 적지 않았다. 신라의 원측(圓測) 스님의 이름은 겔룩파의 대사 총카파를 비롯한 고금의 티베트의 학승들 사이에서도 자주 거론되고 있을 정도다.

원측 스님은 중국에서 독자적으로 유심론을 연구해, 인도유학을 하고 돌아온 현장스님의 역경 오역을 잡아줄 정도의 실력을 보유하고 있었으나, 현장스님의 견제로 중국보다는 티벳에서 더욱 가치를 인정받았다.

원측 스님의 논서는 티베트어로 번역돼 유심론 뿐 아니라, 논서의 집필 방법, 조론(造論)의 방식 등에서 특히 티베트 학승들에게 커다란 영향을 끼친 주인공으로 남아있다.

왕오천축국전(往五天竺國傳)으로 유명한 신라의 밀교승 혜초(慧超 704-787) 스님의 경우도 중국에서 금강승 밀교의 학승이자 역경자로서 이름을 떨쳤다.

혜초스님은 인도를 다녀오는 길에 중국에서 인도밀교승 금강지(金剛智)와 함께 밀교 경전 대승유속금강성해만주실리천비천발대교왕경(大乘瑜速金剛性海曼珠室利千臂千鉢大敎王經)을 연구하며, 한문으로 번역하던 도중, 금강지의 열반으로 역경이 중단되자, 중국 오대산에서 밀교승으로 여생을 보낸 것으로 알려졌다.

우리나라는 이렇게 금강승 불교가 융성한 동아시아 뿐 아니라, 세계의 몇 개 안되는 나라였다. 우리나라의 금강승 불교는 유교를 신봉한 조선조에 와서, 타 종파에 합병되며, 그것마저 선종 불교에 흡수되며, 명맥이 끊긴 것으로 보이지만, 우리 불교에서의 금강승의 중요성은 현재도 남아있는 일체의 불교의식에서도 쉽게 알 수 있다.

금강승에 의지하지 않을 경우, 사찰 건립을 위한 개산(開山)에서 시작해, 점안식(點眼式) 등 사찰 성화(聖化), 49재, 백일재, 천도재를 포함한 모든 불교 의식이 진행이 불가능할 정도다.

● 한족(漢族) 중국: 체질적 금강승 배척
　모화(慕華)조선 유생들 덩달아 금강승 보물 내던져

한국을 비롯한 중국 일본 등 아시아 국가와 동남아의 금강승 밀교의 현황은 어떠할까?

우리나라: 한국에서 다양하게 독자적으로 발전한 신인종(神印宗) 등 많은 신라와 삼국시대 금강승 밀교종단은 일본에도 적지 않은 밀교 스님들을 보내 일본밀교의 터전을 마련해주기도 했다.
그러나 우리의 밀교 종단들은 조선조에 들어오며, 통폐합 과정을 통해 완전 파괴됐고, 맥이 끊겼다.

조선조 이후 우리나라의 전통 문화의 고질은 앞서 잠시 살펴본 바와 같이 유생(儒生)들의 모화사상(慕華思想)의 잔재에서 유교가 최고라는 맹신에 빠져들며 국력까지 쇠잔해졌다.

이들은 같은 불교 종파 가운데에서도 중국의 도교를 닮고, 부처님의 교학을 멀리한 중국식 선불교만이 '최상승'이라는 망상에서 벗어나지 못해왔다. 몽골의 원(元)이나 만주족의 청(淸)제국에도 활발히 전파된 금강승의 무상요가탄트라를 유독 한족(漢族)의 중화만을 맹종하던 유생(儒生)들이 판치던 우리나라에서만 끈질기게 배척했다.

그나마 민중들 사이에 끈질기게 전해져온 천수천안관세음보살의 신묘장구 대다라니를 담은 천수경(千手經)신앙이나 기타 다라니 주력 수행을 비롯한 불교의식에 여전히 강하게 남아있음은 밀교 강국이었던 우리불교 역사의 증거다.

일본의 강점기에 우리나라 불교계에서도 어느 정도 근접할 수 있었기 때문에, 그 시대를 겪었던 우리나라 일부 노스님들이 금강승 밀교에 대한 일종의 반발심을 품고 있다면, 일본식 밀교에 대한 반발이 아닌가라는 생각이 들 때도 있었다.

그러나 대개의 경우, 놀랍게도 그 반대였다. "일본계 밀교는 나쁜 것이 아닌 순밀(純密)이며, 한국 전통 밀교는 잡밀(雜密)이고, 티베트계 밀교는 좌도밀교이며, 나쁘다."는 것이다. 일본과 중국 불교 종단의 허위홍보에 완전히 세뇌돼 있는 것이다.

근년도 우리나라에 다시 등장한 몇몇 밀교종단의 교의를 살펴보면, 역시 일본계 진언종에서 영향을 받았고, 소의경전 등에서 볼 때, 크게 다를 게 없다는 인상을 받는다. 주불이 법신 대일여래, 소의경전이 대일경이라는 것이다.

우리나라 불교는 비록 겉모양으로는 각 불교종파 중에서 선(禪)불교 종파가 압도하듯 보이지만, 일반 재가불자들은 다라니 송주 밀교를 비롯해 작 탄트라에 이르는 금강승의 수행을 종파와 무관하게 꾸준하게 수행해오고 있다. 특히 금강승 부파 신인종의 공식 복원으로 우리나라 재가불자들 사이에 4단계 탄트라 전반에 걸친 금강승불교가 재건되고 있음은 여간 다행스런 일이 아닐 수 없다.

신인종은 한 두 권의 "소의경전"에 의존하는 기존의 밀교 종단과는 달리, 모든 불교의 현교 경전과 정통 탄트라- 네가지 탄트라 - 전반에 의존한다. 금강승으로서의 면모를 갖추자는 것이다.

2. 일본: 행(行)탄트라의 오해

진언종이라고 불리는 일본밀교의 전파자이자 창시자는 홍법(弘法)대사 공해(空海)이며, 그 외에도 밀교를 여러 불법의 하나로 수행하는 천태종의 천태밀교가 있다.

일본밀교의 전파자이자 창시자 공해(空海)의 경우, 밀교의 네 가지 클래스의 탄트라중, 행(行)탄트라의 일부인 대비로자나성불신변가지경(大毘盧遮那成佛神變加持經)을 대일경(大日經)이라 부르며, 설법을 하신 비로자나불을 현교 전통을 따라 법신불(法身佛)로 보며, 비로자나불은 석가모니불과는 무관하다는 시각을 펼쳐왔다. 말끝 마다 법신불의 설법을 존중하는 태도를 보여, 화신불로 알려진 석가모니불과의 차별을 강조하고 있어, 자칫, 석가모니불의 위신력을 비하 격하하려드는 일부 신흥종교의 화법이 연상되기 쉽다.

화신불과 불이(不二)의 존재인 금강승 불교의 보신불 마하무니바이로차나불(大毘盧遮那佛)을 대승 현교인 화엄경의 법신불 비로자나불과 혼동하는 듯한 이러한 오해는 석가모니불이 바로 보신불 마하무니바이로차나불과 다른 분이 아님을 간과한 것이다. 현교의 법신불 비로자나불을 현교 경전 화엄경의 가르침을 이어받아 밀교의 법신불로 받아들인 것도 일본 밀교의 어쩔 수 없는 한계다.

대일경(大日經)의 원제는 산스크리트어로는 바이로차나아비삼보디 탄트라다.

법신불은 설법하지 않으며, 색신불을 통해 설법하신다. 색신불은 다시 보신불과 화신불의 두 가지 모습으로 나타나 설법하신다. 그러나 일본 진언종은 밀교에선 법신불도 설법을 한다고 주장하고 있다.

일본 밀교를 따르는 일부 우리나라 불자들도 비로자나불이 금강승불교의 다섯 부처님(五佛) 중 한분이라는 사실을 간과한다. 그들은 금강승 선원을 방문해, 봉안된 석가모니불상을 보면, "금강승불교가 아니다!"라고 속단한다. 그들은 또 오불(五佛) 가운데 계신 비로자나불을 발견하지 못하고, "이곳엔 대일여래가 안계시다!"고 불평하기도 한다.

비로자나불이 금강승 불교의 전부이며, 비로자나불 수행만이 순밀(純密)이라고 잘못 알고 있는 것이다.

3. 뒤늦게 허둥대는 한족(漢族) 중국 금강승

중국

한중일 삼국 가운데에 밀교가 배척받고 금강승불교와 거리를 둔 나라는 앞서 보았듯, 유교와 도교만 앞세워 온 한족(漢族) 중국이다.

중국의 경우, 밀종(密宗)이라 불리던 당밀(唐密)은 당(唐) 무종(武宗)의 '회창(會昌)의 멸법(滅法)'이라는 법난(法難)을 계기로 중국 땅에서 자취를 감추었다. 그저 중국 오대산이나 파촉(巴蜀)등에서 행해지는 대비주(大悲呪), 준제(準提)다라니 등의 신주와 시식이나 천도의식이 남아있을 뿐이었다.

중국에서도 사라진 금강승 밀교의 부흥은 근대에 와서 시도됐다. 1918년 중국 불교부흥운동의 리더였던 태허(太虛)대사의 후원 하에 거꾸로 일본스님이 쓴 '밀종강요(密宗綱要)'가 광동(廣東)의 재가법사에 의해 중국어로 번역돼 나오며 시작됐다. 중국에서 완전히 맥이 끊겨버린 금강승 밀교의 흔적을 이른바 당밀(唐密)의 일본식 분파적 발전 형태로 남은 일본의 진언종(眞言宗)에서 찾으려는 노력이었다.

그러나 북경(北京)까지 찾아와 일본 밀교의 본격적 수행을 위해 도일(渡日)을 권하는 일본 승려들의 권유에 대해 중국 태허(太虛)대사는, "소승은 즉신성불의 야심이 없소"라며 완곡히 거절했다.

그 대신 태허(太虛)의 제자들과 일군의 재가수행자들이 대거 일본에 건너가 일본식 진언종을 습득하며, 많은 불구와 경전의 재도입 등이 이루어졌다. 일본식으로 변질된 밀종이 중국에 다시 전달되는 가운데, 일본에 점거된 기간(1895-1945)동안 대만에서는 일본 진언종이 강요되며, 중국의 상해와 홍콩, 광주 일대에 전파된 중국 밀종은 일본 진언종과 동의어가 됐다. 그러나 일본의 2차 세계대전 패망과 함께 중국에서의 일본계 진언종은 빠른 속도로 소멸됐다.

그 계기는 일본 진언종 유학을 다녀온 태허(太虛)의 제자 대용(大勇)법사가 다시 티베트를 다녀온 뒤, "티베트의 금강승 불교는 일본식 당밀(唐密)을 포용하고 있을 뿐 아니라, 당밀(唐密)에는 없는 많은 가르침이 있다."는 사실을 알게 됐다.

또 티베트에서 온 많은 대사나 요기들이 보여주는 불학(佛學)에 대한 깊이와 신통력 및 영험력(靈驗力)은 이와는 비교도 되지 않는 흡인력을 보여주었기에, 중국은 다시 티베트에 남아있는 금강승 밀교의 열풍으로 빠져 들어간다.

티베트계 금강승 밀교의 열풍은 1924년 티베트의 정치적 소요기간 중 중국에 피신하던 9대 판첸라마의 전법으로 본격화됐고, 북경(雍和宮)에 머물던 밀교 법사(白普仁) 등의 수행 영험 등이 알려지며, 가열됐다.

9대 판첸 라마는 1932, 1934년에도 다시 중국에 들어와 북경(北

京)과 남경(南京) 등지에서 관정법회를 열자, 무려 십만의 불자들이 몰려와 귀의했다. 성도(成都)와 상해(上海)에 이어 소주(蘇州), 항주(杭州), 광동(廣東), 중경(重京), 한구(漢口) 곤명(昆明) 등지로 금강승 열풍이 휩쓸었고, 특히 성도(成都)의 성(省) 주석(主席)은 9백 명의 불학자 들과 수백의 불자들을 인솔해 집단 입문해 관정을 받을 정도였다.

그러나 중국 전역을 달구던 금강승 불교의 열기는 모택동의 공산혁명 그리고 그 뒤를 이은 티베트 침공 및 강점과 함께 완전히 파괴된 뒤, 다시 막을 내렸다. '티베트는 중국 땅'이라며, 고구려 역사도 자기네 것이라고 우기는 중국 본토 밀교의 실정에 대해서는 나중으로 미루자.

대만

대만에는 중공을 피해 나온 많은 중국 대륙 출신의 기존 승려들 외에도 난민 티베트계 승려들이 장기체류하며, 지난 80년대 이후 대만의 금강승 수행 불자들의 숫자가 약 30만 명 정도로 팽창일로에 있다. 싱가포르, 말레이시아 등도 역시 중국계 화교들을 중심으로 한 금강승 불교 불자들의 인구가 늘어나고 있다.

1950년대 초에 이루어진 공산 중국의 티베트 침공과 모택동의 티베트 불교 파괴는 금강승불교에 대한 열등감의 발로일지도 모른다.

4. 몽골제국 쿠빌라이 칸의 금강승 불교 수행

세계를 정복했던 몽골제국에서 금강승을 받아드리게 된 계기도 우리의 관심꺼리다.

그것은 '자위(自衛)를 위한 신통력'과도 관계가 있다.
징기스칸의 휘하에는 세계의 거의 모든 나라 종교 세력이 자랑하는 많은 초능력자들이 모였었다. 대표적으로 중국의 도교도사와 중국 불교의 선사, 그리고 네스토리안 크리스천 계의 기독교 초능력자들은 저마다의 종교의식에 의한 신통력으로 징기스칸의 장수(長壽)와 전쟁에서의 승리를 기원하며, 장담했다.

그 중 대표적인 인물이 장춘(長春)이라 불리던 중국인 도교도사였다. 그는 금(金) 나라의 지배에 불만을 품은 한(漢)족 도사 왕중양(王重陽)이 쇄신시킨 전진교(全眞敎) 계통의 도교를 신봉하며, 200살이 넘게 살아있다는 소문의 주인공이었다.

장수를 원했던 징기스칸이 불러온 장춘은 70을 넘겼을 뿐이지만, 여러 신통술을 지니고 있다는 이유로 징기스칸의 총애를 받으며, 전장에 까지 동반할 정도였다.

징기스칸의 '불패와 장수'를 보증한다는 장춘(長春)도사의 장담을 믿었던 징기스칸이 1227년 몽골과 티베트 사이에 살던 탕구트족(族)이 세운 서하(西夏, 982-1227) 전사들과의 전투에서 사망했다. 탕구트족의 힘이 그들의 수호신장인 금강승불교의 마하칼라에서 나온다는 사실이 밝혀지며, 금강승 불교는 몽골의 눈길을 끌기 시작했다.

몽골에 불교가 처음 전해진 것도 1205년 징기스칸이 불교를 신봉하던 탕그트족의 서하(西夏)왕국을 정복, 합병한 뒤, 1209년에 불교를 몽골로 도입한 것으로 기록된다. 징기스칸이 티베트로 진격하려하자, 티베트는 사전에 사절을 보내 몽골에 조공을 바치기로 합의하고, 침략을 저지했다. 그러나 징기스칸의 사후에는 조공을 중단했었다.

마하칼라등 호법신장과 금강승불교의 신비스런 보호능력에 크게 매혹된 징기스칸의 손자이자 징기스칸의 차남 오고다이의 아들인 고단 칸은 1240년 조공 중단을 이유로, 조공 회복을 요구하며 티베트를 침공했다. 고단 칸이 세수 70을 넘긴 티베트 최고의 학승 사캬 판디타를 매우 경건한 태도로 초청한 것은 그 뒤 1244년이었다.

"......부처님께서는 일생을 모든 중생들을 위해 바치셨습니다. 스님께서 연로한 나이와 여행길의 험난함을 핑계로 무명에 빠진 우리의 백성들을 교화시키기 위한 제 초청을 거부하며, 스님의 의무를 회피한다면, 그것은 불심(佛心)을 부정하는 것이 아니겠습니까? 스님을 모시기 위해 대군을 파병하는 것이 쉬운 일이겠으나, 그 경우 무고한 사람들이 피해와 불행을 겪을 것입니다. 불법과 모든 중생들의 안녕을 위해 저는 스님께서 즉각 오시기를 바랍니다. 그 은덕으로 저는 태양의 서쪽에 살고 있는 스님들에게 모든 친절을 베풀 것을 약속드립니다...."

사캬 판디타는 이 초청에 응해, 몽골로 향하는 도중 곳곳에서 많은 불자들의 법문 요청을 받아, 이에 응하며, 발길을 멈추어야 했다. 그는 대신 초걀 팍파(八思巴)를 비롯한 두 명의 조카를 선발대로 코단 칸에게 보내, 자신의 도착 예정 소식을 미리 전하게 했다.

사캬 판디타가 몽골에 도착한 것은 1247년이었고, 그는 몽골에 금강승의 가르침을 전하며, 특히 자신의 조카 팍파에게 모든 가르침과 의발을 전수한 뒤, 1251년 76세의 나이에 그곳에서 열반했다. 1년 뒤, 코단 칸도 사망하자, 그를 이어 대권을 잡은 쿠빌라이 칸이 다시 1254년 초걀 팍파를 초청했다.

"태양과 같이 이 모든 세계의 어둠을 밝혀주시는 자비와 전능의 주재자, 위대한 세존이신 부처님을 믿는 나는 언제나 귀국의 스님들과 사찰에 대해 특별한 호의를 베풀어왔습니다, ...몽골인들이 불교를 배우 능력이 없다고 생각하지 마십시오. 우리는 차례차례 점진적으로 배우고 있습니다."

쿠빌라이 칸은 사캬 판디타의 조카 초걀 팍파(八思巴)를 금강 법사로 삼아, 몽고에서의 금강승 불교의 터전을 굳건하게 마련했다. 금강승 불교 무상요가탄트라인 헤바즈라(呼金剛, 또는 喜金剛)탄트라를 전수받은 쿠빌라이 칸은 초걀 팍파를 몽골의 국사(國師)로 임명했다.

쿠빌라이 칸은 티베트에서 온 이들 사캬파 스님들의 자문을 받으며, 중국의 전국토를 몽골에 귀속 시기는 조처로써, 수도를 몽골의 카라코룸에서 북경으로 옮겨 세웠다. 또 나라 이름을 원(元)으로 바꾸고, 금강승 불교를 원(元)제국의 국교(國敎)로 받아드렸다.

팍파는 불경을 전달하기 위해 최초의 사각형 몽골의 문자도 제정한 주인공이다. 그러나 이 문자는 쿠빌라이 칸의 사망이후 널리 사용되지 않았다.

사캬파의 사캬 판디타와 팍파가 맺어놓은 티베트와 몽골의 제휴는 그 후 삼백년 뒤 티베트에 태어난 또 한명의 카담파 계 학승이자 대사(大師)인 총카파 문파의 수제자들이 세운 카담파의 후신 겔룩파로 옮겨졌다. 몽고말로 '바다와 같은 지혜'라고 명명(命名)된 종교 및 행정수반 '달라이 라마' 체제는 1577년 오늘의 칭하이에 해당하는 코코노르호(湖)에서 겔룩파 고승 걀와 소남 갸초가 몽고의 왕자 알탄 칸의 초대를 받고, 1578년 몽골의 수도 코코 코탄에서 서로 만나 그에게서 얻은 이름이다.

이 만남에서 티베트 겔룩파의 달라이 라마는 티베트의 안전과 세속적 통치권을 보장받는 대신, 몽골의 알탄 칸의 권위를 인정하는 의식을 나누었다. 소남 갸초에게서 금강승 불교를 전수받은 알탄 칸은 불자 된 뒤, 이렇게 선언했다.

"우리 몽골인들은 조상이 원래 하늘에서 내려온 민족이기 때문에 강력하며, (징기스칸은) 제국을 중국과 티베트까지 넓혔습니다.

불교는 사캬 판디타를 후원하며, 우리나라에 전해졌으나, 그 이후 테뮈르 등 황제의 재위 기간을 거치며, 불교가 쇠퇴했고, 우리의 국력도 쇠약해졌습니다. 마치 전국토가 피의 바다로 넘치는 형세였습니다.

스님의 방문은 우리나라에 불교를 회복시키는 데에 도움이 됐고, 법사와 시주와 같은 우리양국의 관계는 태양과 달에 비유될 수 있습니다. 피의 바다는 이제 젖(우유)의 바다가 됐습니다. 티베트인들, 중국인들 그리고 몽골인들은 모두 부처님의 불법을 수행하고 실천에 옮겨야 합니다…"

소남 갸초는 선배 대 법사들을 자신의 환생의 전신(前身)들이라며 차례대로, 달라이 라마 1세, 2세로 각각 소급해서 명명해 받들며, 스스로를 달라이 라마 3 세로 부르며, 티베트의 통치권을 얻게 됐다.

이로써 달라이 라마의 환생의 대가 시작된다. 징기스칸의 후손인 몽골 왕자가 4대 달라이 라마의 환생자로 발견돼 라사로 모셔져 가기도 했다. 그 뒤 만주족이 세운 청(淸)나라에서도 몽고족의 원(元)에 이어 금강승 불교를 받들어오며, 티베트와의 친선관계가 계속됐으나, 이러한 티베트-몽골(元), 티베트-만주(淸)의 친선관계와 역사는 중국 공산혁명을 성공시킨 모택동에 의해 왜곡됐고, '티베트는 중국 땅'이라고 우기는 모택동의 한족(漢族) 중심 중공(中共) 정권에 의해 무력으로 강점당하는 빌미가 됐다.

몽골에는 이와 별도로 후툭투(쿤둔)라는 이름의 깨달은이가 발견됐다. '동쿠르 만쥬슈리(문수사리) 후툭투'가 그였고, 후툭투의 환생의 대(代)가 몽골에서 계속 이어져 왔다. 그리고 그 이후 1602년에는 '마이트레야(미륵) 후툭투'의 환생의 대가 몽골에서 시작됐다.

근대에 와서 청(淸)나라 지배하에 있던 몽골이 징기스칸의 옛 영광을 부르짖으며 1911년 독립을 되찾았을 때, 국가수반에 추대된 사람이 환생자 젭춘담파 후툭투였다. 독실한 불교국가였던 몽골은 1924년 후툭투의 사망과 함께, 그의 환생자를 찾으려는 불교도들의 노력을 좌초시킨 스탈린과 소련 공산주의자들에 의해 완전 적화(赤化)됐었다.

이를 시작으로 얼마 뒤 티베트에서 재현될 사찰의 파괴 등 불교 파괴 행위가 몽골에서 먼저 일어났음은 물론이다. 수많은 사찰이 파괴되고, 불교도들이 핍박을 받으며 사라져간 몽골의 공산정권은 지난 1992년에 와서 종말을 고한다.

그러나 70년에 가까운 오랜 기간의 공산치하에서 벗어나 다시 민주국가로 태어난 몽골에서 불교의 재건은 쉬운 일이 아니다, 이 와중에 몽골 불교재건에 앞장 선 사람은 라다크 태생의 몽골주재 인도 대사였던 고령(高齡)의 바쿨라 린포체다. 한때 달라이 라마의 스승으로 활약했던 바쿨라 린포체의 조카 툽텐스님은 몇 전까지 서울에 와서 한국불교를 공부하며, 한국불자들에게 티베트어를 지도하던 중, 도미했다.

몽골 불교 재건에는 인도에 망명정부를 이끄는 달라이 라마와 호주태생의 티베트 불교 승려도 참여하는 등, 여러 나라의 불교도들이 함께 힘을 기울이고 있다. 그러나 이곳에도 진출한 기독교 외도(外道) 전도사들의 방해가 가장 큰 걸림돌로 남아있다는 소식이 전해온다. 타임지 등도 대서특필한 바 있는 전통적 불교국가 몽골을 대상으로 하는 외도(外道) 전도사들의 '초콜릿 대 전도공세'가 그것이다.

현재 사용되는 몽골의 문자 중의 하나는 1636년 몽골 오이라트족의 스님 자야 판디타에 의해 만들어졌다. 오이라트 몽골인은 "한때 서쪽으로는 발카시 호(湖)와 바이칼 호(湖)그리고 남쪽으로는 만리장성에 이르는 서부 몽골을 지배하며, 1449년에는 중국 황제를 포로로 삼기도 한 서부 몽골인들"이다. 당시 북부 몽골을 차지한 구시 칸은 코코노르 호(湖) 주변에 왕국을 세운 뒤, 수시로 티베트를 방문하며, 달라이 라마를 돕기도 했다. 자야 판디타는 당시 남카이 기얌초로도 불리며, 티베트에서 불교를 수행하고 돌아와 몽골 문자를 창제하고, 2백 권의 불경을 몽골어로 번역했다.

5. 만주족 청(淸)제국 황제들의 금강승 불교 수행

금강승 불교는 티베트를 포함해, 몽골을 비롯해 고구려가 차지했던 만주의 후예들이 건국한 청(淸)의 황제 등에 의해서도 황실불교로 수행돼 왔다.

금강승 불교는 티베트에서의 마하연 화상(和尙)추방사건 이래 중국의 한족(漢族)과는 인연이 없고, 오히려 견원지간이 돼왔다. 몽골과 시베리아, 만주를 잇는 금강승 불교의 전승 바람에도 불구하고, 한족(漢族)을 조상 이상으로 떠받들던 우리나라 모화(慕華)의 유생(儒生)들이 판을 치던 조선조를 거치며, 고려조까지 왕성했던 금강승 불교의 가피는 우리나라를 피해가는 결과를 가져왔다.

한족(漢族)불교계에서는 금강승 불교를 불교가 아닌 외도(外道)로 몰기 위한 방법으로 이 이름조차 라마교로 바꾸어 불러왔고, 모택동의 티베트 강점 이후 문화혁명 기간의 홍위병들에 대한 대대적 티베트불교 파괴는 이와 같은 역사적 배경과 맥락을 같이 한다.

몽골제국의 쿠빌라이칸과 함께 금강승 불교에서 문수사리보살의 화현으로 받아들여지는 정치지도자는 청(淸)의 건륭(乾隆)황제였다. 그가 무상요가탄트라, 차크라삼바라 관정을 받고, 금강승 불교 수행을 시작한 관정식은 온갖 예의를 다한 것이다.

천하를 다스리는 천자(天子)로 불리는 그로서, 금강법사인 몽골계 금강승 환생자인 쟝갸 후툭투를 자신보다 더 높은 법상에 앉혀 예의를 다 갖춘 뒤, 오체투지를 드리는 모습은 몽골제국의 쿠빌라이칸 이후 처음 있던 일로 기록된다. 쟝갸 후툭투 린포체는 티벳에서 북경으로 초빙돼 성장하고 수행을 계속했고, 건륭(乾隆)황제는 그를 청(淸)의 국사(國師)로 봉한 뒤, 중국을 평정한 뒤 가장 넓은 영토를 확장시키는 등 업적을 쌓아올렸다.

건륭(乾隆)황제는 이어 칼라차크라의 수행도 원했고, 후툭투는 칼라차크라의 권위자인 겔상체이왕을 7대 달라이 라마의 소개로 찾아낸 뒤, 청(淸)에 초대해 가장 성대하고 화려한 만달라를 조성하며, 다시 청(淸)의 황실에 이를 전수토록 했다. 그는 이어 비밀집회 탄트라 등 무상요가탄트라관정까지 받아 금강승불교를 청(淸)에 뿌리내리도록 했다.

황하의 범람을 막기 위한 댐의 건설에 앞서 건륭(乾隆)황제는 대산신제를 거행했고, 선황인 옹정제(雍正帝)의 업장소멸을 위해 부동왕불을 조성하며, 법화경, 해탈경 등을 황금으로 사경해 공양을 올리기도 했고, 북경에 만주족 스님들의 불교교육을 위한 금강승 사찰 옹화궁(雍和宮)을 건립한 장본인이다.

6. 인도네시아 : 보로보두르의 만달라

금강승(金剛乘)의 전파 경로는 인도 서북부를 통해 실크로드와 동아시아로 온 코스, 인도 동부에서 네팔 티베트 중동 동아시아로 온 코스 그리고 인도남부에서 동남아의 해로를 거쳐 동아시아로 온 코스 등 셋이다.

금강승 불교는 인도에서 84명의 금강승 불교 대성취자들을 탄생시키는가 하면, 왕에서 천민에 이르는 다양한 직종의 재가 요기들에 의해 주도되었다. 또한 날란다 불교대학이나, 비크라마실라 불교대학 등에서도 금강승불교가 수행되며 발전했다.

인도네시아를 비롯한 동남아의 금강승 불교의 흔적은 자바섬에 유적으로만 남아있다.
2만7천 평방피트넓이에 펼쳐진 불교조각상 들과 5백기의 석불, 그리고 수미산을 상징하는 1백5 피트 높이의 탑이 서있는 4백3 평방피트의 대(臺)위에 5대(臺)에 걸친 대형 암석으로 된 보로보두르의 만달라가 그것이다.

인도네시아와 스리랑카, 버마 등에도 전해진 금강승 불교는 이슬람의 인도 침입과 집중적 불교사찰 파괴와 승려의 대량 살상으로 정작 인도에서는 사라져버렸다.

7. 네팔: 금강승불교의 새로운 중심지

　티베트의 각 금강승 종파의 본부는 거의 전부가 망명처인 다람살라를 중심으로 인도 각지에 자리 잡고 있지만, 그 이웃 네팔은 금강승불교의 새로운 중심지가 됐다. 석가모니부처님의 강탄지인 네팔은 인도에서 티베트로 전해지는 불교의 경유지이었듯, 티베트 불교도들의 인도 망명 길에도 역시 중간 경유지가 됐던 까닭이다.

　티베트와 또 다른 독특한 금강승불교의 중심지이며, 불교미술의 보전처인 네팔은 석가족으로 불리는 부족들이 거의 모두가 네팔의 불교 탱화와 불상, 만달라에 종사하고 있어, 불교 미술과 불구의 산지로도 유명하다.

　네팔의 카트만두에도 모든 종파의 사찰이 모여 있어, 금강승 불교의 바티칸이라는 별명을 듣기도 한다.

8. 부탄 : 히말라야의 유일한 금강승불교 국가

　금강승 불교의 중심지는 티베트 에서 벗어나 인도와 네팔 그리고 부탄 등 히말라야의 여러 나라로 복귀한 셈이다. 이 가운데에 금강승 불교 카규파의 하나인 둑파 카규의 한 환생자가 지난 17세기에 세운 부탄은 전 국민을 둑(용)이라 부르며, 국교를 금강승 불교로 하고 있는 불교 국가다.
　'티베트 의 끝' 이라는 뜻을 가진 히말라야 동쪽에 남아있는 세계 유일의 이 불교왕국은 한때 티베트 에서 온 툴쿠(환생된 수행자)들에 의해 통치권이 계승되던 중 20세기 초에 왕정으로 바뀐 뒤, 오늘에 이른다. 왕족들이 고대 한국계로 전해진바 있는 묘족이라는 설도 있다.

　더블 바즈라(쌍 금강저)를 둘러싼 두 마리의 용이 국가의 심벌인 부탄 왕국은 무분별한 개발이나 물질적 발전은 오히려 정신수행에 지장을 초래한다는 뜻에서, 이들 불교 정치 지도자들은 개발의 속도를 조정하며, 전통적 불교문화와 환경의 보전에 만전을 기하고 있다.

　'국민총생산' 보다는 '국민총행복'이 더 중요하다는 것이며, 지난 1974년 까지 일체 국외의 매스컴의 입국을 불허하며, 쇄국정치를 펴왔다. 불국토와 자연의 오염을 막는 뜻에서 서양인 등 외국인의 입국 절차도 까다로워 왕년의 티베트 이후의 유일한 히말라야의 '금지된 나라' 의 신비를 간직하고 있다.

9. 미국, 유럽 : 서방에서의 금강승 불교

서구인들은 오랫동안 히말라야의 설산 속에 감추어져 있는 신비의 나라 티베트를 경외의 대상으로 생각해 왔다. 특히 식민주의자들과 함께 전도의 목적으로 아시아의 여러 나라에 당도한 서양종교의 전도사들은 불교를 비하할 목적으로 불교를 연구했다. 그러나 그들이 전혀 예상하지 못했던 불교, 특히 금강승 불교의 경이(驚異)에 접해 바티칸에 이것을 보고하거나 여행기를 책으로 발표하면서도, 불교의 모든 측면을 대부분 왜곡 비하하는 표현에 의존해야만 했다.

극도의 폐쇄주의를 견지해, 서구에는 '금지된 나라'로 통하던 티베트에의 침투가 그리 쉽진 않았지만, 침투에 성공했던 몇몇 신부들의 저서에는 불교의 분노존(忿怒尊)이나 신장(神將)들을 마귀로 표현하는 등 웃지 못 할 에피소드가 많이 발견된다.

이들 유럽인 가운데에 티베트 침투에 성공해 비교적 상세한 금강승 불교를 서구에 알려준 주인공은 여성의 몸으로 1904년부터 20년 이상 히말라야에서 불교를 직접 수행한 프랑스의 오페라 여가수이자 저널리스트였던 알렉산더 대빗-닐 여사(1868-1969)다.

"라사로 가는 길"을 비롯해, "티베트의 신비주의자들과 마술사들" 등 여러 권의 책을 저술한 여사는 남장으로 변장하고 이곳에 침투, 티베트 남성 라마 용덴을 양자로 삼아, 토굴 속에서 수행하며, 숨겨져 왔던 금강승 불교의 여러 면모를 알리며, 백 살 이상까지 장수했다. 또 한명의 유럽인으로 서방세계에 널리 알려진 수행자는 라마 아나가리카 고빈다로 불리는 독일계 건축 고고학자출신의 E. L. 호프만(1898-1985)이다.

그는 1928년 스리랑카의 불탑을 연구하러 갔다가 소승불교에 출가한 뒤 인도에서 열린 불교대회에서 티베트 스님을 만나, 1930년대부터는 라다크, 시킴 그리고 티베트 등지에서 본격적 금강승 연구를 했다. "티베트 신비주의의 기반"은 유럽인 스님이 티베트에서 쓴 티베트불교를 소개한 책으로 유명하다.

미국인 가운데는 밀라레파의 전기와 '티베트 죽음의 서', '티베트 요가와 밀교' 등 금강승 불교문헌을 번역해 소개한 스탠포드와 옥스퍼드 출신의 민속학자 W.Y. 에반스-웬츠(1875-1965)가 있다. 그는 1919년에 만난 인도의 티베트 전권 대사 밑에서 일하던 시킴의 학교교사 카지 다와 삼둡과 함께 많은 책을 번역했다.

금강승의 유산을 찾아 티베트로 몰렸던 이유는 중국이나 한국 등에도 전승된 밀교는 이미 이곳에서 대부분 맥(脈)이 끊겨 희미한 흔적만 남아 있을 뿐이었고, 완벽한 형태의 인도의 정통 금강승 밀교의 보전은 히말라야의 성채와 같았던 티베트에서 가능했었기 때문이다.

대만이나 중국에서조차 밀종(密宗)이라고 불리던 밀교의 정맥을 되찾기 위해서는 티베트로 향하거나, 완벽한 형태의 밀교가 아닌 일본식으로 변모된 좁은 경지의 일본 진언종을 이해하기 위해서 일본을 기웃거려야하는 실정이었다.

선종 불교 수행자인 중국인으로서 인도에서 거주하며, 중국불교의 색채가 강한 티베트 불교 종파와 어울리며, 티베트 밀교의 번역에 참여했던 갈마 중국인 C.C. 장(張澄其, 1920-1988)도 '티베트 탄트라의 밀교' 등 몇 권의 영어 번역서로 알려졌지만, 중국식 명상법만 찬미해 물의를 빚었다.

총카파 대사에 대해, 갈마 C.C, 장은 "중국의 선종이나 화엄종보다도 못한 티베트의 '저급 종파' 겔룩파" 등등으로 주석하기도 했다. 옛 티베트에서 벌어졌던 삼예의 대토론회에서 석패한 중국인 선사 마하연 화상의 명상법을 잘못된 명상이라고 자주 강조하던 총카파의 겔룩파에 대한 한족(漢族)차원의 티베트 금강승불교 보복처럼 보인다.

1959년의 중공의 티베트 침공과 점령으로 14대 달라이 라마를 비롯한 모든 불교부파의 지도자들이 핵심멤버들을 거의 전원대동하고 인도에 망명한 뒤, 티베트 학승들이 네팔, 부탄 등 히말라야의 몇몇 나라와 서방세계로 대거 탈출하며, 오랫동안 감추어져 있던 밀교는 세계 곳곳에 전해지는 계기를 마련했다.

티베트 내의 불교 사원과 경전, 탄트라, 불상 등 귀중한 자료들이 파괴되며 손상된 뒤, 티베트는 중공의 티베트 불교 왜곡 뿐 아니라, 정치적 동기에 의한 티베트 승려 지도자들의 변질과 타락이 이어져, 더 이상 금강승 불교의 보고(寶庫)가 아닌 황량한 옛터(寺址)로 변해버렸다.

10. 티베트 함락과 서방의 금강승

　티베트 망명정부의 인도 다람살라 정착과 함께 금강승 불교의 인도 역류(逆流)를 시작으로, 금강승 불교는 유럽과 미국 등 서방세계의 새로운 종교로 개화되고 있으며, 오늘날 그 대부분의 주역들은 지난 60년대 히피즘 시대의 젊음을 보낸 사람들이다.

　자본주의와 물질주의에 염증을 느끼고 히말라야의 부처님의 강탄지인 네팔 등지를 방황하며, 급기야 불교에서 삶의 새로운 의미를 찾기 위해, 불교 명상을 시작했던 미국과 유럽의 히피세대들이 오늘의 서방세계 금강승 불교의 출가스님 또는 지도자들로 성장한 것이다.

　북미의 금강승 지도자들은 한때 이곳에서 오랫동안 출가 수행했거나, 환속해 대학에서 불교를 전공하며, 강의하던 사람들이 대부분이다.

　유럽의 경우, 고향 덴마크에서 60년대 네팔을 신혼여행지로 들렀다 카르마 카규파의 16대 성하(聖下) 걀와 카르마파를 만나, 수행하며, 아내와 함께 '유럽식 금강승 부파'의 기수가 된 재가 유발 유럽 카규파 요기, 덴마크 복서출신의 젊은이였던 라마 올레 니달 등이 대표적이다.

　이 가운데에 가장 먼저 금강승 불교 서방 전파에 앞섰던 샹파 카규파의 리더로는 고인이 된 칼루 린포체의 역활이 눈에 띄었고, 네팔에 본부를 마련한 뒤, 그곳을 중심으로 서양 제자 교육과 산출에 크게 기여한 겔룩파의 톱덴 예셰(1935-84)의 자리는 그의 제자인 라마 쇠파 린포체가 대신하고 있다. 영국을 본거지로 톱덴 예셰의 바통을 이은 뒤, 뉴 카담파로 독립한 게셰 겔상 갸쵸 린포체가 영국과 미국에 많은 사찰을 늘이며 활약 중이다.

프랑스에 본거지를 마련한 닝마파의 소걀 린포체 외에 각지에 흩어져 활약 중인 재가 닝마파 부파도 많다. 망명정부에 의해 망명 티베트인들의 정신적 집결을 꾀한 듯, 불교식 경전까지 완비한 샤마니즘의 토속 종파인 본파도 서방에 진출한 상태다.

이들 서방세계 출가자들과 학자들의 활약은 영어 번역서의 출간에서 눈부시며, 티베트 학승들의 저서는 거의 서양학자들의 공동 번역으로 이루어지고 있다. 금강승 불교를 수행하는 서양 수행자나 학자들의 양적 질적인 팽창 속도를 보여주어, "철(鐵)의 독수리들이 날기 시작하면, 불교는 서방(홍인종의) 세계로 간다."는 파드마삼바바(蓮花生)의 예언이 실감 된다.

마치 한국의 태권도가 불과 몇 십 년 만에 세계 각국에서 공동의 국제적 스포츠로 변모했듯, 이들 세계 여러 나라 금강승불교 역시 서방 세계에서 공통의, 또는 독자적인 서방 불교 전통을 형성하기 시작하고 있다.

한국 태권도의 각국 주역들이 그곳 사람들에 의해 대체되듯, 금강승 선지식들 역시 서양인들이 티베트인들이나 아시아인 불교 지도자들의 자리를 대신할 날이 멀지 않았다는 느낌이 든다. 매스컴이 발달한 요즘에는 더욱 속도가 빨라질 수도 있다.

금강승 불교의 연구나 수행은 현 시점에서 유럽이나 미국이 한국 중국 일본 등의 전통적 아시아 불교 강국에 뒤지지 않는 형국이다. 이것은 비단 리처드 기어, 스티븐 시걸, 골디 혼, 폴 사이먼에 이르는 할리우드의 영화스타나 인기가수들의 금강승 불교 신행 붐 때문만은 아니다.

이제 피부색에 관계없는, 푸른 눈과 하얀 피부의 부처님의 제자들, 그리고 청바지에 T 셔츠 차림의 유발 승가들이 법상(法床) 대신, 통기타 가수의 스툴 의자에 걸터앉아, 가정 법회를 집전하거나, 공원의 풀밭위에서 설법하고 명상하는 야단법석(野壇法席)도 흔한 모습으로 닥아 오고 있기 때문이다.

지난 1879년 영국의 언론인 에드윈 아놀드경이 쓴 '아시아의 빛 (The Light of Asia)' 이 서방세계 최대의 불교 베스트셀러로 등장하며, 부처님과 불교가 서방에 널리 알려진 후, 2000년대의 서방세계는 가장 빠른 속도로 불교가 전파되고 있는 셈이다. 그리고 그 많은 몫을 금강승, 탄트라 밀교가 차지하고 있다.

지난 2월 9일 LA에서 개막된 세계최고의 권위를 자랑하는 음악 시상인 그래미상의 올해의 그래미 '최우수 전통 월드 뮤직 앨범부문' 의 영광스런 수상작은 이곳 세랍 링사(寺)의 스님들이 취입한

'티벳 불교 성가(聖歌)(Sacred Tibetan Chant, - Naxos World 제작)'이었다. 달라이 라마 14세가 망명정부를 이끌고 있는 인도에 세워진 셰랍 링사(寺)의 스님들이 이 영예를 거머쥐고 돌아가며, 전 세계 티벳 스님들과 불자들 사이에서는 히말라야에 감추어져오던 티베트 불교의 영창(詠唱)이 사상 처음으로 그래미 수상을 통해 전 세계 음악 팬들에게 더욱 널리 알려지는 계기를 이룩했다는 사실에 감격하고 있다.

티베트음악이 그래미상 수상후보로 올랐던 것은 이번이 처음은 아니다. 티벳 민속음악과 명상음악가 나왕 케촉도 미국 인디안 플룻주자 R. 칼로스 나카이와 함께 취입한 작품(A Distanat Place)으로 지난 43회 그래미 '뉴 에이지' 부문 후보에 오르긴 했으나, 수상에는 실패했었다.

당시 그해의 그래미는 티베트불교의 4대부파 가운데에 하나인 카르마 카규파의 사찰인 팔풍 셰랍 링사(寺)의 테남 라마가 직접 수상하며, 새로운 기록을 세운 것이다. 수상 앨범의 수록곡을 살펴보면, "마하무드라 기도 및 명상, 호법신장인 마하칼라 공양(供養), 그리고 세계 평화와 화합을 위해 바치는 축복의 회향 등"이다.

많은 진언(Mantra)음악은 베스트셀러에 오르며, 이미 세계 명상 음악계에서 바람을 일으켜왔다. 또 금강승불교를 국교로 삼는 히말라야 부탄 태생의 린포체인 키엔체 노르부가 월드 컵 행사를 몇 년 앞두고 감독 제작한 영화 '컵'으로 화제가 되기도 했다. 그는 그 뒤 다시 후속영화 '나그네들과 마술사들(Travellers & Magicians)'

을 만들어, 마이애미 국제 영화제에 참가하는 등, 세속 연예와 영화 활동에 기치를 높이는 중이다.

8세기부터 금강승 불교가 전해진 티베트는 그 뒤 인도에서 사라지던 금강승불교를 집중적으로 받아드린 곳이다.
이슬람의 인도 침입이후 영원히 자취를 감추게 될 위기에 있던 인도의 금강승 전통과 탄트라가 불심이 강하고, 더 많은 정법 불법을 구하는 구게 왕국 등, 티베트의 왕실과 그곳 불자들의 덕으로 보전된 것은 큰 다행이다.

이것이 바로 11세기 이후 인도의 요기와 고승들을 또 다시 초빙해 간 티베트의 제2의 경전 및 탄트라 번역기의 시작이었다. 당시 인도 밀교 요기와 학승들이 티베트에서 망명지를 찾은 것은 뒤에 따를 업보의 업인이었을까?
오늘의 티베트 망명 정부와 금강승 지도자들이 인도에서 피난처를 찾게 됐으니 말이다.

PART TWO
금강승 수행의 로드 맵

금강승 불교(밀교, tantra)를 수행하기 위해서는 모든 불교의 공통적인 가르침인 경전(經典, Sutra) 불교 수행을 전제로 한다. 경전(經典, Sutra) 불교는 물론 소승과 대승을 포함한 현교(顯敎)를 뜻하며, 현교(顯敎)의 탄탄한 기반 위에서만 밀교(密敎)의 수행으로의 발전이 가능하기 때문이다.

　현교(顯敎)라고 하더라도, 부처님(화신불) 가신지 오랜 세월이 흐른 뒤, 방대한 경전 수업을 생략하고 한두 권의 소의경전에만 의지하는 부파들이 많아졌고, 많은 불자들이 올바른 가르침을 찾기 위해 우왕좌왕 방황하는 사태가 벌어지게 됐기 때문이다.

　금강승 불교에서는 이와 같은 폐단을 줄이기 위해, 각부파의 대성취자들, 또는 학승들이 마련한 경전불교 대소승의 수업차례에 대한 완벽한 가이드라인인 로드맵을 마련해 놓았다. 대표적인 전범(典範)이 바로 인도 바크라마실라 대학의 대학승 아티샤 존자가 티베트에 초대되어 쓴 '보리도등론'이다.

〈아티샤〉(야마당트리니그림)

I. 인도 대학승 아티샤 존자의 '보리도등론'

다음은 금강승의 올바른 수행과 완벽한 깨달음으로 가는 길을 등불로 밝힌 인도 비크라마실라 대학 대학승 아티샤 존자(982-1054)의 '보리도등론(菩提道燈論)'의 우리말 번역이다. 아티샤 존자는 티베트에 초빙돼, 티베트 구게왕국의 승려 보리광의 청법에 응해 '보리도등론'을 집필해 현교에서 밀교에 이르는 수행의 길을 명확히 제시해, 당시 혼란에 빠져 문란해진 티베트 불교에 대혁신을 가져다주었다.

다시 아티샤 존자의 '보리도등론'이 밝힌 길의 구석구석의 길목 이정표를 닦아 부연한 티베트 불교의 신파 겔룩파를 창립한 대학승 총카파 대사의 '보리도차제론(菩提道次第論, 람림)'의 기원문도 간략한 해설과 함께 실었다.

보리도등론
(깨달음의 길을 밝히는 등불)
(菩提道燈論)

인도 아티샤(阿底峽) 존자 造

문수사리동자 보살님께 예경 드립니다.

1. 삼세의 모든 부처님들께 예경 드립니다.
　　그 가르침(불법)과 그를 따르는 승가에 예경 드립니다.
　　현명한 제자 보리광(菩提光)의 청법에 응해
　　저는 깨달음의 길에 등불을 밝히겠습니다.

　　　敬禮曼殊室利童子菩薩

　　　禮敬三世一切佛　　及彼正法與僧衆
　　　應賢弟子菩提光　　勸請善顯覺道燈

2. 세 가지 사람들이 있음을 알라.
　　아래에서 시작해 중간, 그리고 위에 이르는
　　세 가지 근기 때문에, 그들 각각의 차이를
　　명확히 구별하는 특징에 대해 기술한다.

3. 무슨 방편을 써서든지,
　　윤회하는 금생의 즐거움만 탐하고,
　　자기의 이익만 구하는 사람은 '아랫 사람'임을 알라.

4. 삼계의 즐거움을 버리고
　　모든 악업을 피하며, 자신만의 적멸을 구하는 사람은
　　'중간 사람'이라 한다.

5. 자기의 괴로움으로써 남들의 괴로움을
　　영원히 끊어주기를 진실로 바라는 그런 사람은
　　'가장 윗사람'이다.

6. 그런 가장 큰 보리심을 구하는, 가장 위의
　　유정(중생)들을 위해 나는 나의 법사님들이 가르치신
　　완벽한 방편을 설명하겠다.

7. 완벽히 깨달으신 분들의 불화와 불상,
　　그리고 불탑을 마주하고 꽃과 향 등,
　　무엇이든 가진 것으로 공양 올리라.

8. 보현행(普賢行)에서 나온 일곱 가지(七支)의 공양으로,
   궁극적 깨달음을 얻을 때까지
   불퇴전(不退轉)의 마음을 갖고.

9. 삼보에 대한 강한 신심으로
   한쪽 무릎을 땅에 꿇고, 두 손을 공경 합장하고,
   먼저 세 번에 걸쳐 삼귀의를 하라.

10. 다음엔 모든 중생에 대한 자비심으로써,
    삼악도에서 고통을 받는,
    그리고 생로병사의 고통을 겪는 모든 중생들을
    하나도 빼놓지 말고 생각하라.

11. 모든 중생들의 고통의 고뇌, 그 고통 그리고
    고통의 원인에서 구하기를 바란다면,
    물러나지 않을 보리심(菩提心)을 발하기를 맹서하라.

12. 그러한 발원을 일으키는 모든 공덕은
    화엄경에 미륵이 설명한 바 있다.

13. 경전을 읽고 법사의 설법을 들어
    보리심의 발원이 가져다주는
    무량한 공덕에 대해 알고 나서,
    그 발원이 굳건하도록 쉴 새 없이 발심을 계속하라.

14. 용시청문경(勇施請問經)에는 그 복덕에 대해
    자세히 설해져있다. 이제 그 개요를 3절만 적는다.

15. "보리심의 복덕이 형체를 갖추었다면,
    모든 허공계를 채우고도 그 복덕은
    남음이 있을 것이다."

16. "만일 누가 간지스강의 모래처럼
    무수한 불국토처럼 많은 진보(珍寶)를
    부처님들께 공양한다하더라도"

17. "합장을 하고 공양을 올리는 사람보다
    마음을 위대한 보리심에 기울이는 사람의 복이
    오히려 더 수승하다."

18. 이렇게 원(願)보리심을 발원했으면,
    언제나 그 힘을 증장(增長)시키려 노력하며,
    이생에서나 다음 생에서도 기억할 수 있도록,
    설법을 들은 대로 계를 지키라.

19. 행(行)보리심의 계율을 지키지 않는다면,
    올바른 원(願)보리심은 증장되지 않는다.
    원(願)보리심을 증장시키기를 바란다면,
    반드시 그 계(보살계)를 받도록 노력하라.

20. 만일 7가지 별해탈(別解脫) 계율을 늘 지킨다면,
    보살계를 받을 선근(善根)이 있다.
    다른 데에 있는 것이 아니다.

21. 칠중(七重)별해탈(소승) 계율은
    여래가 자세히 설법하신 바와 같고,
    그중 가장 수승한 것은 범행(梵行)이다.
    비구 비구니의 순결한 범행(梵行)이라고 알려져 있다.

22. 보살지(菩薩地) 계품(戒品)에 설해진 의식에 따라
    덕과 자격이 있는 법사에게 계율을 받으라.

23. 계율의 의궤(儀軌)와 계율을 잘 지키며,
    그것을 전해 내려줄 능력과 자비가 구족된 사람이
    덕과 자격이 있는 법사다.

24. 그런 법사를 찾기를 아무리 노력해도,
    찾을 수 없다면, 그래도 그 계율을 얻는 방법에 대해
    자세히 설명하겠다.

25. 묘상장엄불토경(妙祥莊嚴佛土經)에
    설명된 것처럼 명확히 설하겠다.
    아주 오래전 문수사리가 허공왕(虛空王)으로 있을 때,
    다음과 같이 보리심을 발원했다.

26. "모든 부처님 앞에서 저는 보리심을 발원합니다.
    저는 모든 중생들을 제 귀빈으로 모시어,
    그들을 생사윤회의 바다에서 구원하겠습니다."

27. "지금 이 순간부터 깨달음을 얻을 때까지,
저는 남을 해치는 마음, 분심(忿心),
그리고 인색한 마음과 질투를 내지 않겠습니다."

28. "저는 아주 청정한 범행(梵行)을 닦고,
언제나 악행과 탐욕을 끊어버리며, 계율에 기뻐하며,
부처님의 공부를 따르겠습니다."

29. "너무 가장 빨리 깨달음을 얻으려고
지나치게 서둘지도 않으며, 단 한명의 중생을
위해서라도, 끝까지 뒤에 남아 있겠습니다."

30. "저는 무량하게 많은 부사의한 불국토를 깨끗하게
장엄하고, 제 이름을 부르는 이들을 받아들이기 위해,
시방 세계에 남아 있겠습니다."

31. "저는 제 모든 신업(身業)과 구업(口業)을
청정하게 정화할 것이며,
그리고 의업(意業)도 청정하게 정화하겠습니다."

저는 불선업(不善業)이란 전혀 짓지 않겠습니다."

32. 행(行) 보리심의 계율을 지키며 삼계(三戒)를
 잘 수행하면, 삼계학(三戒學)에 대한 존경심이
 증대하며, 신구의(身口意)의 청정을 이룰 수 있다.

33. 이와 같이 보살들의 모든 계율을 청정케 하는
 정화(淨化)에 정진함으로써, 완벽한 깨달음을 위한
 자량(資糧)은 마땅히 이루어질 것이다.

34. 모든 부처님들께서는 공덕과 지혜가 그 성품인
 자량(資糧)을 완성시키는 원인은
 신통력의 개발에 있다고 말씀하신다.

35. 날개가 자라지 않은 새는 허공을 날지 못하는 것 같이,
 만일 신통력이 없는 사람은
 중생들의 이익을 위해 일할 수 없다.

36. 신통력을 구비한 사람이 하룻밤에 얻는 공덕을
    신통력이 없는 사람이 일백생애 동안 쌓는다 해도
    이뤄낼 수 없다.

37. 완벽한 깨달음을 얻기 위해 빨리 자량의 집적(集積)을
    완성하려는 사람은 게으름을 피우지 말고,
    정진에 정진을 거듭해 신통력을 이루어야 한다.

38. 지(止)를 성취하지 못하면, 신통력은 일어나지 않는다.
    그러므로 지(止)를 이루기 위해, 거듭거듭 정진하라.

39. 지(止)를 이룰 여건이 불완전하다면,
    일천년 동안 아무리 열심히 명상을 하더라도
    정(定)을 이룰 수 없다.

40. 그러므로 정자량품(定資糧品)에 설해진
    여건을 유지하며, 마음을 한 가지
    선(善)한 초점에 맞추도록 하라.

41. 한 가지 선(善)한 초점에 맞추어 명상을 해 지(止)를
 이루면, 신통력은 이루어진다. 그러나 지혜의 완성을
 이루지 않으면, 모든 장애는 모두 없앨 수 없다.

42. 그러므로 번뇌장(煩惱障)과 소지장(所知障)을
 남김없이 제거하기 위해, 수행자는 방편을 동원해
 지혜의 완성을 닦아야한다.

43. 방편이 없는 지혜, 또는 지혜가 없는 방편은
 모두 결박(繫縛)이라고 부른다.
 그러므로 두 가지 중 어느 것도 포기하지 말라.

44. 어느 것이 지혜이며, 어느 것이 방편인지에 관해
 그 의심을 풀어주기 위해, 나는 지혜와 방편의 차이를
 명확하게 밝히겠다.

45. 지혜의 완성을 제외하고 보시바라밀 등
 모든 선(善)한 5바라밀 수행의 완성(바라밀)은
 방편이라고 부처님들께서 설하셨다.

46. 방편과 익숙해진 힘으로 열심히
지혜를 닦는 사람들은 빨리 깨달음을 얻게 된다.
무아(無我)만 명상해서는 안 된다.

47. 모든 온처계(蘊處界)가 모두
유생(有生)이 아님을 깨달아 고유의 존재(有)가 없는
공(空)을 이해하는 것을 일러 지혜라고 말한다.

48. 존재하고 있는 것(有)은 태어날(生) 수 없다.
공화(空花)처럼 존재하지 않는 것(無)도 역시
태어날(生) 수 없다.
이 두 가지는 모두 잘못된 생각이며,
그러므로 두 가지는 모두 불생(不生)이다.

49. 모든 것은 스스로 생길 수 없다.
다른 것으로부터 생길 수도 없다.
위의 두 가지에서 생길수도 없으며,
아무 원인이 없이 저절로 생겨날 수도 없다.
그러므로 스스로 고유하게
자성(自性)으로 존재하는 것은 아무것도 없다.

50. 더욱이 모든 것은, 그것이 하나인가
다른 여러 개인가를 관찰해보면, 그것은 스스로의
체(體)로써 존재하지 않고 있음을 알게 된다.
그러므로 모든 것이 스스로 존재하지 않는다는 사실을
확인하게 된다.

51. 칠십공성리(七十空性理)나 중론(中論) 등의 논리는
모든 것의 자성은 공(空)으로 되었다는 사실의 성립을
설명한다.

52. 이에 관한 논문이 너무 많아, 여기 자세히 거론하지
않았지만, 명상할 수 있도록 그 결론만을 소개한 것이다.

53. 그러므로 무아(無我)에 대한 명상이라면, 그 존재에
자성이 없음을 관찰하는 것이 지혜의 닦음이다.

54. 지혜는 모든 것에서 자성을 발견할 수 없으므로,
지혜 자체를 논리적으로 분석한 뒤,
그에 대해 비관념적으로 명상하라.

55. 세속적인 존재의 성품은
관념화에서 나오는 것이므로,
그것은 관념(=분별)일 뿐이다. 그러므로
관념의 제거가 가장 높은 경지의 열반이다.

56. 세존께서 설하시기를,
관념이라는 가장 큰 무명(無明)이
우리를 생사윤회의 바다에 빠트린다.
비관념적인 정(無分別定)에 머무르면,
허공같은 비관념(非觀念=무분별)이
밝게 드러난다고 하셨다.

57. 보살들이 비관념적으로 이 훌륭한 가르침을
사고(思考)한다면, 그들은 이 넘기 어려운 관념을
초월해, 결국은 비관념의 상태(無分別)에 도달할
것이다. (무분별다라니에서도 역시 설해져있다.)

58. 경전의 성스러운 가르침과 논리로써 모든 존재가
무생(無生)이며, 무자성(無自性)임을 이해한 뒤,
비관념적으로 명상하라.

59. 이렇게 진여(眞如)에 대해 명상한 뒤,
    드디어 난(暖) 등등에 도달하고 나서,
    극희지(極喜)등등의 보살지(菩薩地)를 얻게 된다.
    그러면 오래지 않아, 부처님의 깨달음의 경지를
    얻게 되리라.

60. 진언(眞言)의 힘을 성취해,
    증익, 경애(소재, 消災), 조복, 절복 등의
    사사(四事)를 통해, 쉽게 깨달음을 위한 자량을
    집적하기를 원한다면,

61. 그리고 팔대 초능력과 보병(寶瓶)등등의
    초능력을 통해, 소작(所作, 事) 탄트라,
    행(行)탄트라 등등에 설해진
    비밀 진언을 수행하고 싶다면,

62. 그렇다면, 법사의 관정(灌頂)을 받기 위해,
    법사에게 복종함은 물론
    봉사, 값진 선물 등등으로 훌륭한 법사의 마음에
    환희심이 생기도록 즐겁게 해야 한다.

63. 마음에 환희심을 낸 법사의 원만한 관정을
　　전수(傳授)받으면 죄업이 청정하게 정화돼,
　　강력한 성취를 얻기에 적당한 선근자(善根者)가 된다.

64. '초불대속(初佛大續)' 탄트라에
　　극력 금지된 바에 따라,
　　범행(梵行)만을 닦기로 한 출가자는
　　탄트라(무상요가탄트라)의 비밀 및
　　지혜 관정을 받아서는 안 된다.

65. 범행(梵行)만을 준수하기로 서약한 사람들이
　　이 관정을 지니면, 금지된 불음계(不淫戒) 등을
　　범하게 돼 계율이 파계된다.

65. 이것은 지금행자(持禁行者)의 파계에 해당돼,
　　악도에 떨어지게 돼, 성취도 역시 얻을 수 없게 된다.

67. 만약 법사의 모든 탄트라 설법을 듣고,
　　호마공양의식 등을 올리고 법사의 관정을 받아
　　진실히 행한다면, 허물이 없다.

68. 연등지(燃燈智, 디팜카라슈리즈나나) 상좌인 나는
경전과 탄트라의 설한 바를 보고,
*보리광(菩提光)의 청법에 따라,
보리도(菩提道)를 간략히 설했음.

보리도등   대아사리야길상연등지조론원만

菩提道燈   大阿遮利耶吉祥燃燈智造論圓滿

한글역; 탄월 장강 서병후
금강승불교 신인종 샤캬무니선원에서. 2001. 3.

*보리광(菩提光): 장춥 외(984-1078)

　

이상에서 금강승에 오르기까지의 대소승 현교 수행 순서를 밝힌 뒤, 아티샤 존자는 금강승 수행에 관한 조명은 제 60절에서 67절까지 간략하게 다루고 있다.

II. 금강승 불교의 부파와 수행

| 부파 |

1.구역파(舊譯派):

　티베트에 불교가 전해지던 초창기부터의 구역(舊譯)경전이나 금강승(밀교), 특히 인도의 요기 파드마삼바바(蓮花生)가 전한 초창기의 구역탄트라에 의존해온 구파.

1] 닝마파:

창건자인 파드마삼바바는 8세기경 티벳 주재 인도 학승 산타락시타가 초빙한 또 한명의 인도의 요기다. 산타락시타는 8세기경, 중국 선사 마하연 화상(和尙)주도로 전파된 중국 선불교의 비불교적 수행풍토와 명상법을 퇴치시키기 위해 인도의 학승 카말라실라를 토론자로 불러들인 주인공이기도 하다.

그럼에도 불구하고, 파불(破佛) 왕권의 불교파괴 이후 많은 세월이 흐르는 동안, 다시 닝마파가 내세우는 명상법 '촉첸'(대원만, 大圓滿)에 무속 본파들과 중국의 선종과 흡사한 측면이 많이 스며들었다.

석가모니 부처님과는 상관없는 7-8세기경 인도의 가랍 돌제가 색구경천, 도솔천, 도리천, 그리고 제석천의 삼십삼천의 천신들에게 차례로 내려받았다는 6백 40만 송(頌)의 가르침이 그 기원이라는 돈오돈수 명상법이다.

실제로 닝마파와 무속 본파의 불교는 이제 거의 구별하기 힘들어졌다. 각지에 독립적으로 형성된 여러 파벌들이 존재한다.
붉은 가사에 붉은 모자를 사용하며, 홍모(紅帽)파라고 불린다.

2. 신역파(新譯派)

 반(反)불교, 친(親)무속 왕권의 철저한 불교파괴 이후 맥이 끊기고, 계속된 암흑기(838-1000)를 거치는 동안, 문란해진 불교수행 풍토, 매장경이라는 이름의 위경과 위조 탄트라의 오역(誤譯)이 난무하며, 승복 입은 무당들이나 대처승들이 판을 쳤다.

 인도에서 초빙된 새로운 학승들과 요기의 지도로, 새로 정비된 신역(新譯)경전과 탄트라에 의존하는 신흥 부파를 말한다. 위대한 역경가 린첸 장포(958-1055)는 세 번에 걸쳐 인도를 방문하고 그곳에서 17년간 수학한 뒤, 많은 성전을 갖고 돌아왔다. 특히 인도 비크라마실라의 대학승 아티샤(982-1054)가 초빙돼 온 뒤, 티베트 불교의 개혁에 앞장섰고, 여러 신파의 성공적인 등장을 도와주었다.

 티베트 불교 재건을 위해 등장한 신파(新派, 新譯派) 종단들이 서둘러 개선 보완하려 노력 했던 불교파괴의 문제점은 무엇이었을까? 정통 순수 불교 수행의 어느 부분이, 암흑시대를 거치며, 어떻게 망가졌고, 어떻게 고쳐야겠다는 것이었을까?

 첫째가 티송 데첸왕 시절부터 확립됐던 점진적 수행의 단계와 교과를 다시 확보하는 것이다. "처음부터 마음을 비우고, 아무 생각 없이 명상만 하면 된다"는 중국 마하연 화상(和尙)식 현교 선종의 폐해를 일찍부터 간파하고, 이를 추방했던 티베트에는 다시 '불교를 공부하지 않아도 성불할 수 있다'는 불순한 가르침을 믿는 무속(巫俗) 본교를 선호했고, 이것은 중국 선종을 닮은, '아티' 요가(족첸)의 재판(再版)이었다.

둘째가 초기에 전달되며, 오역된 구역(舊譯)파, 또는 구파(舊派)의 탄트라를 교정하는 일이었다. 특히 구파(舊派)에서 새로 발굴했다는 연화생(蓮花生)의 매장 경전의 진위 정통성 문제, 이른바 위경(僞經)의 처리 문제 등이다.

셋째가 부처님께서 가르치신 대소승 및 금강승의 삼계(三戒)를 무시한 소속불명 승가의 등장이다. 청정비구 비구니의 출가 승가와 재가 우바새 우바이의 구분을 혼동시키는 대처승(재가 삭발 비구승)의 출현이었다.
출가법사, 재가법사의 문제가 아니라, 재가이며 삭발하며, 비구 비구니를 자처한 재가자들의 횡행이다.

이것은 순수했던 티베트의 수행풍토가 838~1000년 사이에 불교를 철저히 파괴한 랑달마의 파불 왕조를 거치는 동안, 민중으로 숨어들어가 겨우 명맥을 이어오며 문란하고 혼미해졌다는 뜻이기 때문이다.

암흑시대로 불리는 이 시대의 불교파괴를 극복하는 길은 인도에서 다시 초청된 금강승의 선지식들의 조언과 가르침에 의거한 정법 기반의 확립이었다.

1] 카담파:

대학승 아티샤와 그의 제자이며 재가요기 돔톤이 창건한 개혁파, 카담파는 '부처님의 말씀'이라는 뜻의 이름이다. 현교와 밀교의 융합을 강조하며, 청정한 지계(持戒)를 중시하는 출가승단의 재건에 앞장섰다.

결국 총카파 대사와 같은 대학승을 배출했으나, 총카파 대사의 문파에서 달라이라마가 등장해, 정치적인 영향력까지 행사하는 겔룩파에게 계승 흡수됐다.

그러나 20세기에 들어와 다시 카담파가 재건됐다. 카담파의 재건은 티베트 세라제 사원에서 수행한 겔룩파 출신의 대학승 게셰 겔상 갸쵸 린포체에 의해 이루어졌다. 신(新) 카담파 전통이라는 이름으로 독립한 이 부파는 티베트의 세속적인 통치자인 달라이 라마 제도가 등장하기 전의 아티샤와 총카파 대사의 오리지널 가르침으로 되돌아간다는 기치를 내걸고 있다.

인도-티벳의 카담파의 전통적인 가르침으로 돌아간다는 뜻은 세속적으로도 망명 티베트 정부를 이끌고 있는 현 달라이 라마와의 절연을 의미한다.

달라이라마와의 절연은 정치 지도자가 겔룩파 고유의 신행을 왜곡하고 정도에서 벗어난다는 점에서 서로 격렬히 충돌하며, 기인한 것으로 전해진다.

달라이라마는 소속이 겔룩파이지만, 겔룩파가 경원하는 촉첸 등 닝마파의 수행법을 선호해 강의하며, 겔룩파 전래의 호법신장을 불법화한다는 비난을 받으며 촉발됐다.

신(新) 카담파 전통은 순수 겔룩파들의 호응을 받으며 영국을 비롯한 미국 등 서방세계 불교 전파에 큰 업적을 세워왔다. 또 출가승단 외에 '카담'이라는 이름의 재가요기 제도를 도입했다.

2] 겔룩파:

11세기에 인도에서 온 아티샤의 영향을 받아, 창건된 카담파를 이어 받아 14세기 티베트 최고의 학승 중 하나로 존경받는 총카파 대사(1357~1419)와 그의 제자들에 의해 창건됐다.

겔룩이란 유덕(有德), 덕행(德行)의 뜻이다. 인도의 고승 아티샤가 저술한 논서 '보리도 등론'을 확대 해석한 '보리도 차제론'을 저술한 총카파 대사의 문하에서 많은 제자들이 배출됐다.

달라이라마와 판첸라마가 그것이며, 특히 달라이라마가 등장해, 정치적으로도 티베트불교의 주류를 이루며, 몽골, 러시아, 만주 까지 널리 전파된 티베트의 부파다.

대처를 엄금하는 독신 등 가장 엄격한 계율을 지키는 승단이며, 현교와 밀교를 관통하는 전통으로 많은 성취자들을 배출했다. 이들은 이른바 귀류논증 중론이라는 철저한 공관(空觀)을 유지한다. 흔히 홍모(紅帽)파로 불리는 여타 종단과 달리 겔룩파는 노란 모자를 쓰는 황모(黃帽)파로 불린다.

3] 샤캬파 :

　인도의 바크라마실라 대학의 샨티파와 네팔 등지의 금강승 불교 대가인 여러 요기들에게 수학한 뒤 돌아온 역경자 독미(992-1072)의 제자 콘촉 걀포(1034-1102)에 의해 창건된 종단. '헤바즈라 탄트라'와 9세기의 인도 성취자 비루파가 전한 '도과(道果)'를 자랑한다. '도과'는 경전과 탄트라를 통합한 일련의 텍스트로 즉신성불까지의 길을 제시하는 가르침이라는 것.

　겔룩파의 달라이라마 제도보다 앞서, 몽골과 몽골이 세운 원(元)과 제휴한 대학승 샤캬 판디타와 그의 조카 팍파를 배출한 부파로 유명하다. 삼촌 샤캬 판디타를 따라 몽골에 가서 조카 팍파(1235~1280)는 쿠빌라이칸을 불자로 만든 뒤, 국사(國師)까지 됐고, 오랫동안 티베트를 평화롭게 통치해 왔다.

　이들은 티베트의 천손(天孫)이라고 주장하는 창건자 콘촉 걀포의 후손들이 결혼을 통해 '사캬 트리진'이라는 수장 직을 서로 두 집안에게 교차로 대를 잇게 하는 이색적 전통을 갖고 있다. 재가 요기인 현 수장은 41대 '사캬 트리진'이며, 출가승들도 이끌고 있다. 본부는 인도의 던에 있다.

　사캬파의 법통은 두 가계(家系)에서 분배해 교차로 차지하며, 다음 차례는 미국 시애틀의 직달 닥첸 사캬(80)와 그의 부인 여성 법사 닥모 잠양 쿠쇼 사캬 사이에 태어난 2세에게 돌아간다. 닥모는 데중 긴포체 3세의 조카딸이다. 홍모파. 화교(花敎)라고도 불린다.

4] 카규파:

우리나라에도 잘 알려진 밀라레파와 그의 스승인 요기, 마르파(1012-96)에 의해 창건된 부파. 마르파는 인도의 요기인 틸로파의 계승자인 나로파에게 법을 전수받고 돌아와 결혼한 뒤, 집에서 비밀수행을 계속하며, 카규파의 기초를 닦았다. 정확히 마르파 카규 또는 닥포 카규다.

가족의 원한을 보복하기 위해 원수를 살생하는 흑마술로 명성을 떨치던 밀라레파(1052-1135)는 불교에 귀의한 뒤, 출가하지 않고, 토굴과 암자에서 깨달음을 얻어, 티베트에서 가장 유명한 재가 요기로 명성을 떨쳤다. 그의 제자 감포파의 세 제자들은 다시 이 부파를 크게 발전시켜, 7세기경 부탄의 국교가 된 둑파 카규를 비롯해 카르마 카규, 셍파 카규 등 수 많은 가지를 쳤다.

툼모 내화(內火)호흡과 바르도 수행, 의식전이 등으로 유명한 '나로파의 육법(六法)'이라는 기본적 가르침과 닝마파와 흡사한 선(禪)적 요소를 담은 마하무드라(대인, 大印)로써 특징을 이루는 카규파는 재가요기의 전통 외에 출가승단도 거느린다.
재가요기가 흰 상의를 입어 백교(白教)라고도 불렸다.

그러나 카규파 내의 여러 분파 가운데는 흑모(黑帽)계라는 말을 듣는 카르마 카규파가 주류로 등장했다. 창건자인 두슘 켄파(1110-1193)에서 시작된 환생자, '툴쿠' 제도를 가장 먼저 이룩해, 타 종파에서도 이를 따르고 있다.

그는 검은 모자를 잘 착용했는데, 그 제자들에 따르면 이 검은 모자는 다키니들이 검은 머리털로 만들어 선물했다는 설이 있었고, 제2대 카르마파에게 몽골 홍제가 선사한 황금 장식의 검은 모자에서 비롯된 이름이다.

한동안 거대한 불법의 카라반을 몰며 티베트 전역에 많은 불자를 개척했던 이들은 역대 달라이라마들과 그들을 추종하는 겔룩파에 의해 사찰을 빼앗기며, 파괴되는 피해를 입기도 했다.
카규파에는 원(元)황제로부터 붉은 모자를 선사받았다는 홍모파 등도 있다.

지난 1981년에 시카고에서 타계한 시킴 소재 룸텍사원 주재 16대 카르마파의 환생자로 두 명의 17대 성하겸 린포체가 등장해 내부적 분쟁을 겪고 있다

하나는 샤마르 린포체측이 인정하는 틴리 타예 도르제 또 하나는 중공이 먼저 인정하고, 타이 시투 린포체측이 미는 우르겐 트린레이다. 그러나 중국 정권의 감시를 뚫고 티베트에서 인도로 탈출한 타예 도르제를 겔룩파 소속인 달라이라마까지 인정하고 나서자, 문제는 복잡하게 얽히고 있다.

역사적으로 역대 달라이라마와 겔룩파의 핍박을 받아온 카르마 카규파 소속의 샤마르파 린포체는 달라이라마와 깊은 원한관계를 유지하고 있다. 망명 달라이라마가 티베트 내에서도 핍박하던 샤마 린포체를 사면한 것이 지난 1963년의 일이기 때문이다.

딘리 타예 도르제를 인정하는 샤마 린포체는 카규파의 성하 인정과 선택에 있어, 겔룩파의 달라이라마를 향해 "남의 종단 성하의 환생자 선정에 개입한다."는 불평을 공개적으로 토로한다.

| 수행 |

금강승의 많은 부파들이 마련한 이 같은 수행의 순서와 텍스트에는 다소의 차이가 있더라도, 대의(大義)는 대동소이하다.

예를 들어, 겔룩파에서는 수행의 순서를 밟아가는 매뉴얼로 '도차제'(道次第, 보리도차제론, 菩提道次第論)에 의지하는 가하면, 샤캬 판디타와 같은 대학승을 배출해온 샤캬파에선 '도과'(道果)에 의존한다.

그러나 그 수행절차는 '도차제'(道次第, 람림)의 정신과 크게 다르지 않다.

1. 겔룩파:

'출리심, 보리심, 공견'

겔룩파의 총카파 대사는 금강승 불교 수행을 시작하기 전에, 불자 공통의 세 가지 확립이 필수적이라고 규정했다.

첫째, 윤회의 세계에 대한 미련을 완전히 버린 출리심/염리심.
둘째, 모든 중생들을 돕기 위해 완벽한 깨달음을
　　　얻고야 말겠다는 철저한 보리심.
셋째, 궁극적 진리인 공(空)에 대한 정견(正見) 등 삼요훈이다.

티베트 총카파 대사가 쓴 '깨달음의 길(보리도차제, 람림)'의 핵심을 담은 기원문을 소개하면 다음과 같다.

"깨달음의 길(道, 람림), 밟아가는 기원문"

도(道)는 모든 선(善)의 원천인 친절하신 법사의
가르침에 흔들림 없이 의존하는 데에서 시작되네!!
법사를 깊이 믿고 따를 수 있도록,
제가 이 사실을 이해하게 축복해 주십시오.

이 모든 자유의 기회가 주어진 제 인간의 삶은
극히 희귀하며, 큰 뜻을 부여 받은 것!!
밤이나 낮이나 그 진실한 의미를 얻도록,
이 사실을 이해하게 축복해 주십시오.

나의 몸은 물거품 같아 아주 빨리 썩고 죽어가고 있네!!
죽음 뒤에는 내 몸의 그림자처럼 찾아오는 업보(業報)!!

이런 사실을 굳게 알고 기억해
언제나 해로운 행동을 피하며
많은 덕(德)을 쌓아 올리며
매사에 지극히 조심하도록 축복해 주십시오.

윤회의 세계 그 즐거움은 믿을 수 없네!!
만족은 없고, 고통꺼리만 남겨주네!!
완벽한 대 자유의 큰 즐거움을 얻을 수 있게,
성실히 노력할 수 있게 축복해 주십시오.

이 순수한 생각으로부터,
불법의 뿌리 오계(五戒)를 제 필수적 실천으로
삼도록 마음을 간직하고,
가장 큰 주의력이 따라 오게 축복해 주십시오.

제 자신과 똑같이 모든 친절한
어머니 중생들이 윤회의 바다에 빠지고 있네!!
제가 그들을 빨리 구원할 수 있는
보리심을 닦도록 축복해 주십시오.

그러나 이것만으로는,
세 가지 수레 없이 저는 성불할 수 없습니다.
그러니 제가 보살계를 받아
실천할 힘을 내려 주십시오.

흐트러진 마음을 달램으로써
완벽한 의미를 분석해,
어서 빨리 지관(止觀)을
아울러 닦을 수 있도록 축복해 주십시오.

모든 불교의 공통적 수행경로를 거쳐
제가 순수한 그릇이 되면 행운의 핵심수행,
최상의 수레 금강승에 들도록 축복해 주십시오.

두 가지 성취는 모두 저의
성스러운 계행과 정진에 달렸네!!
이 사실을 명확히 이해하고
목숨 다해 지킬 수 있도록 축복해 주시옵소서.

성스러운 스승들의 설명대로
네 단계 탄트라 끊임없이 수행해
최고의 핵심인 무상요가 탄트라의 두 단계(次第)를
마스터하도록 축복해 주십시오.

정신적 안내자, 수도의 상사(上師)들
그리고 제 도반(道伴)들이여 부디 오래사시고
모든 안팎의 장애를 잠재우도록 축복해 주십시오.

언제나 완벽한 스승을 찾아 성스러운 불법에 기뻐하며,
빨리 모든 보살지와 5위도(位道)를 성취해
'바즈라다라'의 경지를 얻을 수 있도록 기원합니다.

이 가운데서 첫째의 출리심(出離心) 또는 염리심(厭離心)을 닦는 방법은 총카파 대사의 '도차제'(道次第, 보리도차제론) 가운데 '세 단계의 사람(불자)들의 수행을, 샤카파에선 '도과'(道果)의 '네 가지 집착에서 벗어나는 법.'

그리고 카규파는 구파 닝마파와 같이 '윤회세계에서 마음을 돌리는 네 가지 생각' 등 공통적 예비수행 코스를 각각 마련하고 있다.

예비적 불법수행은 일반적인 것과 특수한 것으로 나뉜다.

일반적 예비수행 가운데서, 샤카파의 텍스트부터 차례로 복습해 보기로 한다.

2. 샤캬파:

> ### "네 가지 집착을 버리라"
>
> "이 생애의 행복에 집착하고 있다면,
> 그대는 수행자가 아니네.
> 이 세속의 삶에 집착하고 있다면,
> 그대는 출리심이 없는 것.
> 자신만의 해탈에만 집착하고 있다면,
> 그대는 이미 보리심을 잃은 것.
> 무슨 존재든, 그에 대한 집착이 일어난다면,
> 그대는 정견을 잃은 것."
>
> 약집착차생 즉비수행자 (若執着此生 卽非修行者)
> 약집착세법 즉무출리심 (若執着世法 卽無出離心)
> 약착기목적 보리지이탈 (若着己目的 菩提志已奪)
> 범유집착생 정견이상실 (凡有執着生 正見弛喪失)

사캬파의 위대한 재가 요기 중의 한 사람인 라마 사캬파(사첸 쿵가 닝포)가 12세때 문수사리보살로부터 받은 이 4행(行)의 가르침은 사캬파에서 수행자들이 열심히 공부하는 예비학습 텍스트가 됐다. 라마 사캬파는 그의 법사였던 바리 로차와의 가르침에 따라 문수사리보살 관정을 받고, 문수보살 명상에 들어간 지 6개월 만에 두 분의 지혜의 보살 문수보살을 친견할 수 있었다고 한다.

대승불교 전체를 집약해주는 이 가르침은 그의 두 아들 소남 체모와 닥파 갈첸으로 전승됐다. 이어 이들은 다시 이 가르침을 사캬 판디타에게 전했다. 이를 계기로 오늘날 까지 이 가르침은 사캬파의 주요 학습 코스로 받들어지고 있다.

첫 행(行)은 금생의 자신의 행복만을 위해 복을 구하고, 기도하고, 보시하고, 불공을 드리더라도, 그것은 올바른 불법(佛法)의 수행이 아님을 밝히고 있다. 불법수행의 첫걸음은 이생의 집착을 줄이는 데서 시작되기 때문이다. 이 생의 집착을 늘이는 불공이나 기도를 하며, 궁극적으로 아무 도움이 안 되는 이 생의 복만을 빌며(祈福), 이 세상에서 자신이 받는 불행을 오히려 부처님의 가피가 없거나, 법사의 신통력의 결핍이라고 탓하는 불자들이 있다면, 그것이야 말로, 기와를 갈아 거울을 만들겠다는 것과 같다.

금생(今生)은 짧고, 덧없으며, 곧 끝나기 때문에, 신기루나 환영과 같은 이생의 모습에 현혹되지 말고, '아주 받기 어려운 이 귀중한 인간의 몸'을 받았다는 사실을 명상하며, 통감하고, 이 귀중한 기회를 헛되이 보내지 않고, 유용하게 활용하는 방법은 앞으로의 수많은 생애를 구원해줄 불법, 정법을 닦는 일이다.

두 번째 행은 금생 뿐 아니라 윤회하는 세속과 삼계(三界)에서 더 좋은 환경에 환생코자하는 집착까지를 포함한 이야기다. 쾌락, 영화, 명예가 따르는 하늘과 인간의 삶이나, 삼악도의 환생이나 모두 다 결국은 윤회의 고통에서 벗어날 수 없다는 사실을 인지하라는 가르침이다.

출리심(出離心), 염리심(厭離心)의 뜻은 '윤회의 고통을 절감하고, 환영(幻影)처럼 알맹이 없는, 덧없고, 오염된 행복에 염증을 느껴, 고통에 넘치는 윤회의 세계에서 벗어나고, 초출(超出)하겠다는 강한 결의'를 말한다.

윤회의 고통을 절감하지 않고서는 진정한 수행에 돌입하기 어렵다. 불법에 귀의해 수행하며 큰 깨달음의 대락(大樂)을 얻은 사람들은 한때 이 같은 큰 고통을 겪거나, 실감하거나, 예감하지 않은 사람들이 거의 없다.

세 번째 행은, 자신만을 위한 해탈을 성취했다하더라도, 남들 - 부모 형제 친척 친구 그리고 우리가 친하지 않은 불특정 다수의 중생들 - 의 고통이 주변에 넘쳐흐르는 동안, 그것은 진정한 행복의 성취라고 볼 수 없다.

남들의 고통을 덜어주고 구제해줄 수 있는 위대한 능력을 얻는 길은 완벽한 깨달음을 통한 성불 밖에는 없다. 따라서 자신만을 위한 해탈을 성취하겠다는 결의는 위대한 깨달음으로 가는 길에 장애가 될 수도 있다. 모든 중생들의 고통을 덜어주고 구제해줄 수 있는 위대한 깨달음으로 가는 수행을 하겠다는 단호한 결심의 계기는 위대한 자비심이다.

이 자비심에 의거해 얻는 '깨달음을 얻겠다는 결의와 의지'가 바로 보리심(菩提心, 菩提志)이다. 기복에서 출발, 소승으로, 다시 대승으로, 수행을 통한 점진적인 발전도 가능하지만, 어차피 시작하는 우리의 불교수행은 애초부터 위대한 대승에 목적을 두는 것이 올바른 방법이다.

네 번째 행은 자비심, 세속적 보리심이 아무리 중요하다 하더라도, 모든 대상이나 현상의 존재의 궁극적 의미나 실상을 모르는 채, 자비심, 세속적 보리심을 품고, 그 존재나 현상에 집착하게 된다면, 그것 역시 집착이 된다는 지적이다.

욕정 등에 집착하는 욕계의 집착과는 달리, 존재에 대한 집착은 특히 색계, 무색계의 집착의 대상이 된다. 그 허물은 중도(中道)의 공(空)을 깨닫지 못한 데서 오는 결과이며, 오온은 영원히 존재한다는 극단적인 상견(常見)에 떨어진 것이다.

그렇다고 해서, '이 세상의 모든 것은 무(無)'라는 또 하나의 단견(斷見)에 떨어져도 안 된다.

실상(實相)에 대한 올바른 정견(正見)을 지녀야만, 뛰어난 지혜를 개발해, 완전한 깨달음에 이를 수 있다는 가르침이다. 정견(正見)을 갖는 방법은 비불교인 외도(外道)들의 범천 등 하늘의 창조신에 의한 모든 존재의 창조설 등을 주장하는 사견(邪見)을 비롯한 다섯 가지 악견(惡見)에 현혹되지 말아야한다.

심지어 불교 부파 내에서도, 정견(正見)에 관한 여러 다른 해석이 존재하고 있으며, 우리는 궁극적 진리, 공(空)에 대한 가장 정확한 견해인 정견(正見)을 갖고 있는 불교 가르침을 따라야, 깨달음에 이를 수 있다는 경고다.

3. 카규파, 닝마파:

'윤회세계에서 마음을 돌리는 네 가지 생각'

　본격적 불법수행을 준비하는 일반적 예비수행으로 카규파와 닝마파에서는 '윤회의 세계에서 마음을 돌리는 네 가지 생각'에 대해 명상한다. 이것은 우리들을 윤회의 세계에 대한 집착에서 벗어나, 자유스럽게 본격적 불법수행을 할 수 있도록 해주는 명상이다.
　'윤회에서 열반으로 마음을 돌리는 회심(回心)의 가르침에 해당되는 명상의 대상은;

　첫째가 귀중한 인간의 몸,
　둘째는 무상(無常),
　셋째는 업(業),
　넷째는 윤회의 세계의 고통이다.

　명상의 내용은 모두가 대동소이하므로, 자세한 설명은 생략하도록 한다.

〈헤바즈라〉

금강승이란 | 153

Ⅲ. 금강승 특유의 공통적 예비수행

현존하는 여러 밀교 종단이나 부파에서 전통적으로 시행하고 있는 금강승 특유의 예비 수행을 보면 다음과 같다.

대승불교와는 다른 금강승특유의 예비수행으로는, 수행자의 악업(惡業)이나 업장(業障)을 정화, 소멸하고, 공덕을 쌓기 위해 반드시 통과해야하는 코스로써, 통상 오체투지 10만 배(拜), 불설 35 불명 예찬, 금강살타(바즈라사트바)의 백자진언 낭송, 깨달음을 위해 모든 것을 공양한다는 뜻을 상징한 만달라 공양 등등을 수행한다.

진언낭송도 10만회를 요구하는 경우도 있고, 이외에 법사에게 약속한 서약을 어긴 잘못을 소멸하는 사마야사트바 진언, 바즈라다카 에게 올리는 호마(護摩) 불(火) 공양, 일곱 그릇 공양다기(茶器)의 공양수 등이 추가되기도 한다.

1. 오체투지

　오체투지(五體投地)를 하는 방법은 '합장한 두 손을 정수리 미간 목 그리고 앞가슴에 가져간 뒤, 머리와 두 손 그리고 두 무릎 등 다섯 부분을 바닥에 놓고, 온 몸을 편 채 부처님께 온 마음을 바쳐 배례(拜禮)한다.'

　사캬파의 대학승 사캬 판디타가 설명하는 오체투지의 의미와 주의사항을 보면 다음과 같다.

> 가장 거룩하신 삼보(三寶)에 '오체투지' 함으로써
> 중생들과 자신의 악업과 업장이 정화(淨化)된다.
> 　　　　　　　　　　　－사캬 판디타－

- 두 손 모아 합장함은 지혜와 방편의 합일이 이루어짐이며,
- 합장한 손을 정수리에 가져감은 육계등 상호(相好)로 장엄된 색신(色身)을 이루어, 유정천(有頂天)에 오름이며,
- 합장한 손을 미간에 가져감은 몸의 악업과 업장을 정화 소멸시킴이며,
- 합장한 손을 목에 가져감은 말의 악업과 업장을 정화 소멸시킴이며,
- 합장한 손을 가슴에 가져감은 마음의 악업과 업장을 정화 소멸시킴이며,
- 합장한 두 손을 펼침은 모든 중생들을 위해 부처님의 두 몸(법신과 색신)을 이루기 위함이며,

- 두 무릎을 땅에 댐은 윤회의 재앙에서 해탈함이며,
- 다섯 손가락씩의 손을 합한 두 손의 열손가락을 땅에 댐은 오위도(五位道)와 보살10지(地)를 이룸이며,
- 이마를 땅에 댐은 열 한줄기의 찬란한 빛이 시방세계를 밝힘이며,
- 팔과 다리의 사지를 펼치며 굽힘은 경애(敬愛), 증익(增益), 조복(調伏), 절복(折伏)의 네 가지 신통력을 모두 성취시킴이며,
- 모든 맥관(脈管)과 근육을 펼치고 굽힘은 맥관의 모든 차크라를 빠짐없이 풀기 위함이며
- 척추와 중앙 맥관을 굽힘은 모든 바람(風氣)을 빠짐없이 중맥(中脈)으로 함입시키기 위함이며,
- 땅에 던지고 뒤에 다시 일어남은 윤회에서의 해탈을 위함이니,

이 같은 오체투지를 많이 한 뒤, 깨달음을 얻어 모든 중생들의 안내자가 돼야하며, 자신의 선정(禪定)의 즐거움에만 집착해서는 안 된다.

> "이 오체투지의 공덕으로
> 금생의 삶이 병고(病苦)에서 벗어나고,
> 상서롭고 경사스럽도록 축복해 주십시오.
> 그리고 앞으로 죽음의 시간에는 극락정토에 왕생해
> 빨리 성불할 수 있도록 축복해 주십시오."

-오체투지 뒤에 이 같은 기원을 올리면, 무량한 축복과 선업이 내려지고 쌓아진다-

> *오체투지 진언 : "옴 나무 만주슈리예 나무 수슈리예
> 웃다마 슈리예 사바하"

2. 불설 35 불명 예찬 (佛說 三十五 佛名 禮讚)

업장을 소멸하는 대표적 수행중의 하나다. 다음 35분의 참제업장(懺除業障)을 담당해주시는 부처님의 명호를 부르며, 오체투지(五體投地)한다.

업장소멸 방법은 보적경에 실려 있고, 그 기도문은 다음과 같다.

> "저(이름)는
> 언제나 법사(法師, 上師)님께 귀의합니다.
> 거룩한 부처님께 귀의합니다.
> 거룩한 가르침에 귀의합니다.
> 거룩한 승가에 귀의합니다.
>
> 나무 바가범 여래 응공 정변지
> 석가모니불(釋迦牟尼佛)

나무 바가범 여래 응공 정변지
금강불괴불(金剛不壞佛)
나무 바가범 여래 응공 정변지
보광불(寶光佛)
나무 바가범 여래 응공 정변지
용존왕불(龍尊王佛)
나무 바가범 여래 응공 정변지
정진군불(精進軍佛)
나무 바가범 여래 응공 정변지
정진희불(精進喜佛)
나무 바가범 여래 응공 정변지
보화불(寶火佛)
나무 바가범 여래 응공 정변지
보월광불(寶月光佛)
나무 바가범 여래 응공 정변지
현무우불(現無愚佛)
나무 바가범 여래 응공 정변지
보월불(寶月佛)
나무 바가범 여래 응공 정변지
무구불(無垢佛)
나무 바가범 여래 응공 정변지
용시불(勇施佛)
나무 바가범 여래 응공 정변지

청정불(清淨佛)
나무 바가범 여래 응공 정변지
청정시불(清淨施佛)
나무 바가범 여래 응공 정변지
사류나불(娑留那佛)
나무 바가범 여래 응공 정변지
수천불(水天佛)
나무 바가범 여래 응공 정변지
수천 천존불(水天天尊佛)
나무 바가범 여래 응공 정변지
견덕불(堅德佛)
나무 바가범 여래 응공 정변지
전단공덕불(栴檀功德佛)
나무 바가범 여래 응공 정변지
무량국광불(無量掬光佛)
나무 바가범 여래 응공 정변지
광덕불(光德佛)
나무 바가범 여래 응공 정변지
무우덕불(無憂德佛)
나무 바가범 여래 응공 정변지
나라연불(那羅延佛)
나무 바가범 여래 응공 정변지
공덕화불(功德華佛)

나무 바가범 여래 응공 정변지
청정광유희신통불(淸淨光遊戱神通佛)
나무 바가범 여래 응공 정변지
연화광유희신통불(蓮花遊戱神通佛)
나무 바가범 여래 응공 정변지
재공덕불(財功德佛)
나무 바가범 여래 응공 정변지
덕념불(德念佛)
나무 바가범 여래 응공 정변지
선명칭 공덕불(善名稱功德佛)
나무 바가범 여래 응공 정변지
홍염당왕불(紅焰幢王佛)
나무 바가범 여래 응공 정변지
선유보공덕불(善遊步功德佛)
나무 바가범 여래 응공 정변지
투전승불(鬪戰勝佛)
나무 바가범 여래 응공 정변지
주잡장엄공덕불(周?莊嚴功德佛)
나무 바가범 여래 응공 정변지
보화유보불(寶華遊步佛)
나무 바가범 여래 응공 정변지
연화선주사라수왕불(蓮花善住娑羅樹王佛)

이와 같은 35불세존과 일체세계의 모든 불세존께선 언제나 살아 계십니다.

　모든 세존이시여 저를 가엾게 생각해 주십시오.
　저의 금생(今生) 또는 전생에 무시이래 생사를 반복하며 제가 지은 죄, 남에게 시켜지은 죄, 그 모습을 보고 좋아한 죄 오무간죄(五無間罪) 십불선도(十不善道) 업장(業障)에 가리여 지옥 축생 아귀도에 빠지거나 불법(佛法)은 만날 수 없는 변방이나 미개인으로, 또는 불법의 중요성을 망각하는 장수신(長壽神) 불법을 배울 수 없는 불구(不具), 사견(邪見)의 소유자, 여래(如來)의 오심에 즐거워하지 않는 자 등으로 태어날 죄 이 모든 죄를 모두 고백하고 참회합니다.
　이 모든 죄를 숨기거나 감추지 않고, 이제부터는 절대로 다시 짓지 않겠습니다.

　모든 세존이시여, 저를 생각해 주십시오.
　저의 금생(今生) 또는 전생에 무시이래 생사를 반복하여 제가 쌓은 공덕(功德)-보시, 지계, 인욕, 보리심, 지혜 등-의 뿌리가 남아있다면 이 모든 공덕을 하나도 남김없이 모아 가장 위없이 높고 바른 깨달음 아뇩다라삼먁 삼보리에 회향합니다.

> 저는 모든 죄업을 낱낱이 고백합니다.
> 저는 모든 공덕에 기뻐합니다.
> 저는 모든 불세존께 부탁합니다.
> 제가 가장 위없이 높고 수승한
> 깨달음을 얻도록 기원합니다.
> 과거, 현재, 미래의 가장 훌륭하신
> 무량한 공덕의 바다,
> 모두 불세존께 귀의 합장합니다."

3.금강살타(바즈라사트바) 수행

　불교를 신봉하지 않는 외도들이나 불교 내에서도 일부 선수행자들은 밀교의 만트라(진언) 낭송, 무드라(수인, 결인, 인계), 그리고 만달라 명상 등 에 대해 의혹을 나타내며, "신비주의"라고 비난하는 예를 본다.

　이러한 현상은 부처님의 다양한 가르침과 특히 가장 귀중한 가르침에 대해 무지한 소치다.
　이렇듯, 무지한 사람들이 그러한 악업을 짓는 일을 피하게 하기 위해서라도, 금강승 수행단계에 미치지 못한 사람들에게는 진언을 들려주지 않도록 하는 이유가 여기에 있다. 또 그동안의 여러 단계의 현교 예비수행과 금강승특유의 예비수행이 필요한 이유가 된다.

1] 만트라(진언):

밀교의 수행 가운데 중요한 일부분인 불보살님들의 만트라(진언)를 낭송하면 크나큰 이익을 얻는다. 즉 부처님의 가르침을 깨닫는 지혜에 접근하며, 공덕을 쌓게 된다. 만트라는 진언(眞言), 총지(摠持) 등 여러 가지로 번역 된다.

진언(만트라)에는 '마음의 보호' 라는 뜻도 있다. 궁극적으론 마음을 보호해주기 때문이다.

진언은 부처님의 마음을 담은 소리로써, 불법수행의 기본이 되는 부처님의 가르침을 담은 불교 경전이나 마찬가지로 진언의 정체는 '바람' (風)이다.

모든 진언은 '옴 아 훔' 세 글자 속에 포함돼 있다.
이 진언은 모든 부처님들의 진언이기 때문이다.
모든 부처님들은 금강의 몸, 금강의 말, 금강의 마음 등 세 가지 그룹에 포함된다.

'금강의 몸' 의 진언이 '옴' (Om),
'금강의 말' 의 진언이 '아' ,(Ah),
그리고 '금강의 마음' 의 진언이 '훔' (Hum)이다.

이와 같이 모든 진언은 원래는 '바람(風)'이며, 단지 입을 통해 '소리'로 표현되거나 문자를 통해 형상으로 표현된다.

진언엔 4가지 유형이 있으니, 마음인 진언, 바람인 진언, 소리인 진언, 형태(形象)인 진언이 그것이다.

궁극적 진언 또는 요의적(了義的) 진언이란 '모든 부처님들의 낙공불이(樂空不二)의 마음' 즉 마음이자 진언이다.

우리가 말하거나 문자로 쓰기 전에 우리 몸의 맥관(脈管)에 존재하는 진언은 '바람'(風)인 진언이다.

입을 통해 말해지는 진언은 '소리'(聲)인 진언이다.

문자로 쓴 진언은 '형상'(色)인 진언이다.

2] 무드라

무드라는 원래 특별한 표시나 증거로 찍는 도장(印)을 뜻하는 말이다.

밀교에서 가장 많이 거론되는 수인(手印), 결인(結印), 인계(印契)는 모두 손이나 손가락을 특별한 모습으로 불보살, 제존(諸尊)들의 깨달음, 또는 심지어 수행자의 서원 등을 나타내는 것을 뜻한다.

금강승 밀교 수행에서 나오는 무드라(手印)는 특정의 본존들이나, 밀교의 여러 존(尊)들의 지혜의 존재들을 도량으로 모시어 올 때, 또는 이분들에게 공양을 올릴 때, 공양을 올릴 특정 공양 여신들을 모실 때, 수행자들이 손으로 짓는 비밀 의식이다.

또 다른 뜻의 무드라도 있다.

수행자들의 깨달음을 도와주러 오시는 여신들, 또는 여자 수행자들을 무드라라고도 부른다.

3] 만달라

만달라에는 크게 네 가지가 있다.
천위에 그린 만달라,
모래로 만든 샌드 만달라,
명상(정신 집중)으로 만드는 만달라,
그리고 몸의 만달라(보디 만달라)다.
이 가운데 앞의 둘은 인위적 만달라다.
여러 가지 재료를 갖고 만들어내는 것이기 때문이다.
그리고 인위적 만달라의 재료는 천이나, 모래 외에도
나무, 흙 등 여러가지가 있을 수 있다.

그러나 보디 만달라는 자연적 만달라다.
그 재료가 우리가 자연적으로 소유하고 있는 몸이기 때문이다.
이 몸의 만달라는 많은 수행을 한 요기나 요기니들에 의해서만 만들어질 수 있다.

밀교 수행에서 나오는 '만달라의 공양'의 만달라란 '본존을 비롯해 본존을 따르는 모든 성중들과 중생들이 살고 있는 온 우주'를 뜻하며, '만달라의 공양'은 모든 보물과 재화를 포함하고 있는 온 우주를 아낌없이 법사-본존에게 공양으로 바친다는 뜻이다.

쌀이나 기타 곡물 등을 모든 귀중한 재화로 관상하며, 온 우주를 상징하는 그릇에 올려 바치지는 만달라공양의 만달라는 인위적(쌀, 그릇) 만달라와 명상으로 만드는 만달라가 혼합된 예다.

4] 관상(觀想)

밀교의 명상은 현교와 마찬가지로 지관(止觀)명상이지만,
마음의 눈으로 만달라나 본존의 모습을 그리며, 바라보는 관상(觀想)이 특징을 이룬다.
이러한 밀교의 관상은 지관을 동시에 이루어주는 특징과 장점이 있다.

5] 금강살타(바즈라사트바)의 백자진언(百字眞言)

백자진언은 금강살타(바즈라사트바)진언의 별칭이다.
금강살타는 모든 부처님의 정화(淨化)의 힘,
업장소멸의 힘이 모인 분이다.
관세음이 모든 부처님의 자비심으로 뭉쳐진 분이며,
문수사리가 모든 부처님의 지혜로 뭉쳐진 분이며,
바즈라파니가 모든 부처님들의 힘을 상징하는 것과 같다.
무수한 부처님의 정화의 힘, 업장소멸의 힘이 백분의 부처님으로, 다시 35분의 부처님으로, 그리고 다섯 분의 부처님으로 압축돼, 또 다시 금강살타 한 분 속에 뭉쳐져 있다고 생각하면 된다.

정화(淨化), 업장의 소멸이란 구체적으로 무슨 뜻일까?

업(業)은 우리가 시작도, 끝도 없는 아득한 과거에서 지금까지 지어온 나쁜 행위를 말한다.
업(業)이란 이름의 행위는 반드시 그 과보, 결과가 익을 때, 우리에게 되돌아와 떨어지는 철칙을 갖고 있다.
이미 무르익어서 우리에게 떨어진 것이 지난 세월의 우리의 괴로움이자 불행이었다.
그런데 업장이라는 이름의, 앞으로 익어 떨어질 괴로움과 불행의 과보가 또 기다리고 있다.

이러한 나쁜 업장의 과보인 앞으로의 괴로움과 불행이 우리에게 익어 떨어지기 전에 깨끗이 정화시켜 없애버리는 것이 업장소멸이다. 그리고 가장 강력한 업장소멸의 힘을 가지신 분이 금강살타다.
우리는 금강살타의 백자진언을 한 회에 21번씩 낭송하며, 금강살타 명상을 통해 우리가 지은 모든 잘못의 업장을 모두 제거한다.
우리가 모든 중생들에게 잘못한 일, 불보살님 또는 법사에게 잘못한 일, 모든 잘못의 과보를 모두 금강살타의 백자진언과 명상을 통해 소멸시키며, 1백만 번의 낭송을 끝내야 본격적 금강승밀교수행에 들어갈 수 있다.

● **진언 낭송과 명상방법 :**

우선, 우리의 머리 정수리 위의 허공위에,
흰 연꽃과 그 연꽃 위에 금강살타는 혼자,
또는 모존과 함께 나타나신다.
금강살타는 흰색의 몸으로 앉아 계시며,
황금의 금강저를 수평으로 든 오른손은
가슴 가운데로 향하고 있고,
은빛 종을 위로 뒤집어든 왼손은
왼쪽 히프(허리) 부분에 두셨다.
모존은 오른손엔 휘어진 칼을,
왼손엔 감로수의 그릇을 들고 계신다.

금강살타는 가슴의 하얀 훔자에서 온
우주 10방을 향해 정화의 빛을 발하시며,
이때 우주의 온갖 부처님들이 모두 금강살타가 돼
태산처럼 큰 모습으로, 또는 작은 모습으로 나타나신다.
모든 금강살타들이 정화의 힘과 함께
금강살타의 몸으로 흡수된다.

● **진언 염주:**

달의 원반 위에 시계 반대방향으로 백자 진언이 마치
뱀이 똬리를 튼 듯이 나선형으로 나타나 빛을 낸다.

● **업장소멸의 방법 :**

아래서 위로 소멸시키는 방법,
위에서 아래로 소멸시키는 방법,
가슴속에서 소멸시키는 방법 등이 있다.

금강살타 진언:

옴 바즈라 사토 사마야 마누 팔라야
바즈라 사토 테노 파티타 드리도 메바와
수토 카요 메바와 수포 카요 메바와
아누락토 메바와 사르와 싯디 메 프라야차
사르와 카르마 수차메 치탐 슈리얌 쿠루 훔
하하하하 호 바가완 사르와 타타가타
바즈라 마메 문차 바즈라 바와
마하 사마야 사토 아 훔 팟

● **진언 낭송의 마무리;**

옴 바즈라사트바 훔 (Om Vajrasattva Hum).

4.부처님 가족들

1] 소작(所作) 탄트라의 대표적 부처님가족
 –작(作)탄트라와 행(行)탄트라의 부처님 가족은 셋이다.–

1) 여래족:

비로자나 가족으로도 불린다. 모든 부처님들의 금강의 몸(金剛身)의 화현이 본존들이다. 본존들로는 바즈라사트바 외. 주(主)는 문수사리, 어머니는 마리지.

2) 연화족

아미타불 가족으로도 불린다. 모든 부처님들의 금강의 말씀(金剛語)의 화현이 본존들이다. 본존들로는 무량수불(아미타유스). 주(主)는 관세음, 어머니들은 그린 타라, 화이트 타라.

3) 금강족

아축불 가족으로도 불린다. 모든 부처님들의 금강의 마음(金剛心)의 화현이 본존들이다. 본존들로는 부동불 외.
주(主)는 바즈라파니, 어머니는 바즈라지타나라프라모하니 나마다라니.

2] 행(行) 탄트라의 대표적 부처님가족

석가모니불이 색구경천 정토에서 무니바이로차나라는 이름의 보신불의 모습으로 처음 깨달음을 얻고, 황금색 몸으로 흰 연화대에 금강좌로 앉아 명상의 무드라(定印)을 하고 계신다. 수행법은 작 탄트라와 흡사하다.

1) 여래족(비로자나 가족) : 바이로차나아비삼보디.
   - 일본 밀교의 대일여래(비로자나불)-
2) 연화족(아미타불 가족) : 하야그리바.
3) 금강족(아축불 가족) : 바즈라파니.

3] 요가 탄트라의 대표적 부처님가족

본존은 살바비르티.
수행법은 범부의 몸과 말, 그리고 마음을 정화해,
부처님의 몸과 말, 그리고 마음으로 바꾸는 네 가지 무드라.

1) 마하무드라 (空인 몸) : 大印
2) 달마무드라 (법을 설명하는 말) : 法印
3) 사마야무드라(마음의 서약) : 三昧印
4) 카르마무드라(깨달음의 행위) : 業印 등이다.

4] 무상요가탄트라의 다섯분의 부처님(오불) 가족

1) 비로자나불 :

여래(타타가타) 가족의 부처님 (완전하게 밝게 드러내는 분). 마음속의 공(空, 아뢰야식)에 있는 무지와 번뇌장, 소지장을 정화하면, 비로자나불의 법계체성지(法界體性智)가 드러난다.

2) 아축불 :

금강(바즈라) 가족의 부처님. 움직이지 않는 부동의 부처님. 모든 현상의 실상은 공(空)이다. 그러나 공(空)에 모든 상대적인 모습이 거울의 그림자처럼 들어난다. 마음을 움직이게 하는 주요 번뇌는 분노다. 분노를 정화함으로서 모든 상대적인 모습이 거울의 그림자처럼 들어나는 아축불의 대원경지(大圓鏡智)가 드러난다.

3) 보생불 :

보생(라트나) 가족의 부처님. 공덕, 부유, 훌륭함, 귀중함 등을 주시는 부처님. 자신을 최고이자, 최상이라고 생각하고, 집착하는 번뇌인 자만을 정화시키며, 공덕, 부유, 훌륭함, 귀중함 등을 갖춘 지혜, 평등성지(平等性智)가 들어난다.

4) 아미타불 :

연화(로터스) 가족의 부처님. 끝없는 불빛(무량광)이라는 뜻의 부처님. 육식인 의식과 탐욕을 정화시킨 묘관찰지

(妙觀察智)의 부처님. 마음의 기반 위에 욕망과 집착, 그리고 애착 등이 일어난다. 탐욕의 본질은 분별력이나 관찰력을 잃은 미혹된 상태다. 탐욕이 정화돼, 아미타불의 명확하게 맑은 분별력으로 불법을 가르쳐주는 지혜, 묘관찰지(妙觀察智)를 얻게 된다.

5) **불공성취불 :**
업(카르마) 가족의 부처님. 모든 활동을 성취시켜주는 부처님. 다섯 감각과 질투를 정화시키며, 성소작지(成所作智)가 들어난다. 질투의 본질은 도움이 되는 일을 성취해내는 데에 전혀 반대되는 성품이다.

Ⅳ. 금강승 수행의 특징

● 첫째, 불법승 삼보를 대표하는 법사와 세 근본(根本)

불자들이 귀의하는 불법승(佛法僧) 삼보(三寶)의 존재는 고도의 수행자들을 제외한 일반적 보통의 수행자들이 직접 눈으로 볼 수 없는 아주 섬세한 대상이다.

이들 보통 수행자들을 위해서, 불법승 삼보를 대변하며, 불법을 지도하는 역할이 반드시 필요하다. 그리고 그 역할을 맡을 대행자가 금강법사이다.

따라서 수행자는 그들에게 불법을 지도해주는 근본 법사(根本 法師)를 불법승 삼보를 대행하는 대행자이며, 중요한 근본 뿌리로 예경해야한다는 독특한 전통이 있다.

이외에 또 다키니(空行母)와 호법 신장들은 불자와 수행자들을 보호해주며, 일체의 활동을 원활하게 성취하도록 도와주기 위해 나타나신다.

이들 셋 – 법사, 본존, 다키니/호법신장 – 을 가리켜 금강승 불교의 세 뿌리(根本)이라고 부른다.

대소승 금강승의 공통적 삼보인 불법승에 더해, 금강승에서는 이들 세 가지 근본적 역할을 해주시는 분들이 수행을 도와주시는 근본이 되신다.

법사상응법(法師相應法, 구루요가)은 부처님의 가피와 축복을 얻는 금강승의 필수적 수행방식이다.

법사가 불보(佛寶)를 대신하는 뿌리라면, 불상이나 탱화 또는 관상(觀想) 속에 나타나시는 부처님 등 본존(本尊)은 법보(法寶)를 대신하는 뿌리이며, 본존상응법(本尊相應法, 디티 요가)은 부처님의 깨달음을 얻는 수행법이다.

그리고 호법신장과 다키니들은 승보(僧寶)를 대신하는 뿌리라고 볼 수 있다.

본존을 산스크리트어로 이시타데바타(Ishtadevata, 선택한 신) 또는 간단히 데바(deva)라고 하며, 그 뜻은 우리에게 가르침을 주시는, 우리보다 훨씬 신통력이 많은 부처님의 화현이자 '신적(神的)인 존재'라는 뜻이다.

● 둘째, 출가 선지식과 재가 선지식간의 완벽한 평등

인도 날란다 불교대학교 총장스님이었던 나로파는 다키니의 권유로 유발 금강법사 틸로파를 만나, 승복을 벗어던지고 제자가 돼 깨달음을 얻었다. 84명이 되는 금강승의 인도 대 성취자들 대부분은 재가(在家) 수행자들, 또는 출가에서 재가로 돌아온 유발 금강법사들이었고, 티베트의 경우도 마르파, 밀라레파, 돔톤파 등 금강승 지도자 개척자들 대부분이 머리 긴 재가 금강법사들이었다.

금강승 불교(탄트라)는 최초의 전수자나 수행자들이 오디야나의 인드라부티 등 국왕들을 비롯한 재가 불자들이 많았다. 다양한 직종 출신의 인도의 대 성취자들의 대부분도 재가불자이며, 부부 또는 반야모(般若母)라고 불리는 수행의 남녀 파트너들도 많아, 재가 불자 지도자의 전통이 출가자들 못지않게 강했다.

출가자들이 사찰에 모여 수행하는 출가자 중심의 종단은 훨씬 뒤에 생긴 것이다.
티베트에 처음으로 금강승불교를 전한 파드마삼바바도 유발 수행자였고, 작년에 타계한 구파(舊派)에 속하는 닝마파의 장, 민돌링 성하(聖下)는 유발의 재가 수행자였다. 그러나 그의 딸은 출가한 비구니로써 세계적인 전법활동을 벌이기도 한다.

신파(新派) 가운데, 오늘날 사캬파의 수장은 언제나 유발수행자가 대를 잇는 전통을 갖고 있다. 현 44대 수장, 사캬파의 사캬 트리진도 역시 유발의 재가수행자이며, 그의 누나(제춘마 쿠쇼 치메

이 루딩)도 출가 비구니에서 환속 후 결혼한 재가 여성 법사로서 활동 중이다.

세대를 교차하며, 사캬파의 성하(聖下)직을 주고받는 사캬 트리진의 인척인 직갈 닥첸 사캬 린포체의 아내인 잠양 사캬도 저명한 여성법사로 알려졌다.

역시 신파인 티베트에서 카규파를 창설한 마르파나 그의 수제자 밀라레파도 유발 재가 수행자였다. 카규파의 가장 큰 유파인 카르마 카규파의 2대 수장도 재가불자였다.

지난 20-30년 사이, 영국과 미국 등지에 금강승 조직인 샴발라 인터내셔널은 쵸감 트룽파 린포체가 환속한 뒤 이루어 낸 대 승가 조직이다. 중공의 티벳 침공 시에 인도로 피난했던 그는 인도에서 고위 공직생활을 했던 영국인 비구니 프레다 베디(1911-77)의 도움으로 아콩 린포체와 함께 옥스퍼드에 유학하며, 서방세계에 금강승을 전하는 계기를 맞았다.

프레다 베디는 시크 교도와 결혼해 영국에서 살다, 얼마 뒤 카르마 카규파의 비구니로 출가한 카르마 케충 팔모다. 쵸감 트룽파는 유학생활을 하며, 아콩 린포체와 함께 영국 최초의 티베트불교 사원을 열었으나, 16세의 소녀와 결혼해 센세이션을 일으킨 뒤, 아콩과 결별하고, 미국으로 자리를 옮겨, 샴발라 인터내셔널을 세워 발전시켰다. 80년대 말 그가 타계한 뒤, 이 센터는 출가한 그의 아들이 대를 이어 운영하고 있다.

반면, 현재 카르마 카규파의 수장인 17대 카르마파는 두 명의 환생자들이 발견돼, 갈등을 빚고 있으나 둘 다 삭발 출가승이다.

이미 소개한 바와 같이, 유럽 카르마파 카규파의 덴마크인 수행자 라마 올레도 60년대 유럽 히피이자 복서출신의 유발 선지식이다. 신파 가운데, 달라이라마가 속해 있는 겔룩파는 삭발 출가승 중심의 승가이다.

그러나 겔룩파의 전신(前身) 카담파의 티베트인 창설자 돔톤은 유발 재가수행자였다.

뉴 카담파 전통의 경우도, 승가가 출가수행자(스님)들과 재가 수행자 '카담'(재가 지도자)들로 법사 지위가 공유되고 있다.

금강승 불교가 서방으로 전파되며, 많은 미국인과 유럽인 여성들이 출가해 여성 법사로 전법에 나서고 있고, 그 중에는 페마 초드론, 텐진 팔모, 로빈 코틴, 아니 켈상 릭마, 락미 켈상등이 저명하며, 유발의 미녀 법사 중에는 제춘마 아콘 라모, 앗좀 린포체, 착둣 카드로, 라마 체링 에베레스트 등이 있다.

● 셋째, 완벽한 남녀평등 금강승불교

남녀의 성차별이 있는 소승 불교와는 달리, 반야심경 명상의 주인공 불모(佛母) 반야바라밀을 비롯한 무수한 여성 불 보살들 – 여자 부처님들과 여성 천상(天上) 보살님들 – 이 금강승불교에서 모존(母尊)으로 활동하신다.

타라, 바즈라요기니 등의 여성 본존이 대표적이며, 남성 보살인 관세음보살도 여성의 모습으로도 화현해 나타나실 때가 많다. 천수경의 준제보살도 또 한분의 불모(佛母)의 모습이다. 부처님의 마음과 말씀 그리고 몸은 동일(同一)한 체성(體性)이기 때문에 서로 걸림 없이 다양한 모습과 방법으로 화현하시는 것이다.

마칙 랍드론, 라크미 공주 처럼 인도나 티벳의 역사적 여성 수행 성취자들 까지 본존(本尊: 명상의 尊)으로 모시는 사례가 금강승 밀교에서는 허다하다. 깨달은 이는 한꺼번에 여러 모습으로- 몸(身)과 말씀 (口), 그리고 마음(意)의 화현으로- 나타나실 때도 있다.

티벳 왕 티송 데첸(赤松 王)의 왕비였던 예셰 초걀은 티베트에 초청돼 대승과 금강승 불교를 펼친 오디야나 왕자 출신 금강승 성취자, 파드마삼바바(蓮花生)에게 구루를 위한 공양(供養)으로 바쳐져, 그의 제자 겸 수행 파트너가 된다.

그녀는 모존(母尊) 바즈라바라히의 말씀의 화현이며, 또 다른 파트너인 인도 자호르의 공주 만다라바는 바즈라바라히의 몸의 화신, 네팔의 벨마 샤캬 데위는 바즈라바라히의 마음의 화현이다.

호법신장의 경우도 무시무시하게 생긴 남신만이 활동하는 게 아니다. 아름답지만 거센 다키니(공행모 空行母)들이 강력한 호법여신장으로 활동한다. 마찬가지로 탄트리카(밀교수행자) 가운데 머리 긴 여성 수행자들이 비구니들과 어깨를 나란히 하며, 요기니, 여성 법사로 활동하고 있다.

선가(禪家)에선 중국의 금강경 연구가인 덕산(德山)이 길가에서 만난 '떡(點心) 파는 할머니'의 질문(과거, 현재, 미래의 세 마음 중 어느 마음心에 점點을 찍겠는가?)에 대답을 못해 경전을 버리고 선승(禪僧)을 찾아 가게 됐다는 얘기가 자주 나온다.

그러나 금강승에는 머리 깎은 고승 들이 여러 유형의 다키니 여성들의 안내를 받아, 승복을 벗고 재가신분으로 돌아와 금강승 밀교를 배워 깨달음을 얻었다는 기록이 많이 나온다.

대표적인 예가 인도 비크라마실라 불교대학의 학장 나로파의 경우다. 어느 날 그는 경전을 읽던 중 뒤에 서있던 한 노파와 우연하게 대화를 나누게 된다. 다키니의 화신인 노파가 "지금 공부하고 있는 그 경전을 잘 이해하고 있느냐?"라고 묻자, 그는 "네,"라고 대답했다.

나로파는 재미있다는 듯이 웃으며 한마디를 더 했다. "경전의 글자뿐만 아니라, 그 의미까지 아주 잘 알고 있지요." 이 대답을 들은 노파는 너무도 한심하고 불상한 스님을 보았다는 표정으로 눈물을 흘리며, 슬피 울기 시작했다.
노파는 나로파를 바라보며 말한다. "경전의 글자뿐만 아니라 그 진실한 의미를 정말 알고 싶다면, 어서 우리 오빠 틸로파(장발의 금강승 밀교 구루)를 만나보라"고.

금강승에서 '깨달은 이들' 이 나타나시는 모습은 다양하다.
열거하면, 김매는 여인, 빨래하는 여인, 늦은 밤 호젓한 암자의

문을 두드리는 길 잃은 여인, 술파는 여인, 심지어 몸 파는 창부(娼婦), 유곽(遊廓)의 대모(代母) 모습으로 나타나는 예도 있다. 문수사리 보살은 상처 난 몸에 고름을 빨아먹는 구더기들로 득실한 개의 모습으로 무착(無着)대사 앞에 나타났었다.

유마경의 용녀(龍女)의 예에서도 보듯, 남녀의 성차별이나, 출가, 재가 등 관념적인 이분법은 깨닫지 못한 이들의 몫이며, 여성은 불교의 깨달음과 수행을 위해 아주 중요하고 귀한 존재라는 것이다.

현재 대소승의 2대(二大) 가문(家門) 가운데에서, 부처님 가문의 "선남자, 선여인이 평등한 입장에서 수행하라"는 부처님의 대승불교의 가르침은 현실적으로 '재가(在家) 대승 남녀 보살'들에게만 적용되고 있는 실정이다.
부처님의 이 같은 가르침은 금강승에서도 오직 재가 금강승 경우에만, 실제적으로 준수되고 있다.

많은 대승불교나, 금강승 불교의 출가승단에서 조차 남녀평등은 지켜지지 않고 있다. 금강승을 한다는 티베트불교에서 조차, 아직까지 비구니 제도가 없다.

이들은 대승불교를 수행 하면서도, 신분상으로는 소승에 못잖은 철저한 계율을 지키고 있기 때문이라고 말한다. 부처님이 정해놓으신 출가자 계율을 소승전통이라고 해서 함부로 고칠 수 없다는 것이다.

따라서 여성 출가자들을 위한 비구니계를 받지 못하는 일부 티베트 불교계 여자 출가수행자들이 비구니계를 받기 위해 멀리, 홍콩이나 대만 또는 우리나라까지 찾아오는 예도 적지 않다.

● 넷째, 섹스를 보는 밀교의 파격적 시각

여성의 몸으로는 깨달음을 얻을 수 없고, 특히 남성 출가자(비구)들의 경우, 여성과의 접촉이 금지돼 있을 뿐 아니라, "여성의 음문(陰門, 성기)에 남근(男根, 남성의 성기)을 삽입하는 행위는 독사의 입에 그것을 넣는 짓보다 더 위험하다"는 부처님의 엄격한 경고가 대표적인 불교의 여성관 및 섹스에 관한 입장으로 자주 거론된다.

그러나 이것(不淫)은 부처님께서 소승을 비롯한 청정한 출가 수행자들에게 주신 계율(戒律)이며, 소승 가운데서도 재가수행자들에겐 사음(邪淫)만을 규제하셨다.
다시 말해 완벽한 불음(不淫)은 출가자(出家者)들의 경우에만 해당되는 규정이다.

보살의 자비심을 수행의 으뜸가는 덕목으로 보는 대승불교에선 부인을 두고 방사(房事)를 하면서도 깨달음을 얻는 유마(維摩)거사, 그리고 역시 남편과 동침하면서도 깨달음을 얻는 승만 부인의 위대한 수행의 길이 부처님의 칭송을 받고 있다.

대승불교의 선여인(善女人)의 경우, 여성의 몸으로 깨달음을 얻는 예는 대승 불경이나 금강승 탄트라에서도 자주 발견된다.

- 섹스와 깨달음의 상관관계, 그 의문과 정답

섹스와 깨달음의 상관관계에 대한 의문은 많은 수행자들이 품어 온 듯하다. 일부 승려나 신흥종교에서 남성 수행자가 거추장스러운 성기를 아예 절단해버리는 사태가 전해 온다. 이미 80년대 초 필자는 그러한 수행자의 성기절단 전후를 관찰할 기회도 있었다.

음욕의 뿌리를 아예 절단해버리고, 제대로 수행해보겠다던 그의 열의에도 불구하고, 의젓하던 그의 옛 모습은 사라졌고, 중성의 모습으로 바뀐 그의 면모는 초라해 보였다.

일부 수행자는 석가모니 부처님의 머리 정수리 위에 돌기된 육계의 생성과정을 제법 그럴듯한 논리로 펴기도 한다. 석가모니 부처님의 육계는 성기사용을 그치신 부처님에게는 성기의 용도가 더 이상 필요 없어졌기 때문에, 신체 아래 부분에서 위로 돌출돼 올라 간 것이며, 비어져버린 아래는 마음장상(馬陰藏相)이 됐다는 그럴듯한 주장이다.

깨달음의 필수조건이 불음(不淫)에 있다는 풀이다. 심지어 도교 내단학(內丹學)의 항백호, 참적룡(降白虎 斬赤龍)을 인용하며, 금강승 불교에서 백홍적(白紅滴)으로 불리는 남녀의 애액(愛液)의 소멸을 수행자들에게 권장하는 듯한 이론을 펴기도 한다.

단도직입적으로 말하자면, 이와 같은 주장은 부처님의 소승적인 측면만 마음에 깊이 각인한 소승적 수행자들이 마음대로 상상한 허구다. 마음장상(馬陰藏相)은 아주 건강한 남성에게서만 발견되는 성능 좋은 남성성기의 평상심(平常心)의 모습이자 특징이다.

금강승불교에선, 성기 절단이란 절대로 있어서도 안 되며, 만일 그런 사태가 발발했다면, 그에게서는 수행 자격이 박탈된다. 수행과 깨달음은 대소승에서도 역시 완벽한 신체조건이나 정신 상태에서만 가능하다.

지나치게 치성하는, 불필요한 음욕의 억제는 소승 출가자들의 명상 수행을 장애할 경우, 필요할 수도 있겠지만, 그 방법은 여성의 몸을 깨끗지 못하게 생각하는 부정관(不淨觀) 등의 명상으로 퇴치하기도 한다. 그러나 모든 중생들을 전생의 어머니 또는 아버지로 보며, 자비심을 키우는 대승에서는 지나친 부정관은 여성, 또는 이성에 대한 '증오심을 키우며, 자비심을 고갈시키는 것'으로 보아 경계한다.

모든 현상을 대락(大樂)의 마음과 공(空)의 화현으로 보는 금강승 수행자들의 경우, 모든 대상을 순결한 즐거움과 기쁨의 대상으로 봐야한다.

우리 몸속의 모든 부분에는 바깥 우주에 못지않은 무수한 중생이 살고 있을 뿐 아니라, 많은 불보살님이 계신다. 신체의 그 부분을 훼손시킨다는 것은 불보살님 및 중생들의 몸에 피를 내거나 살

불살조(殺佛殺祖)와 같은 악업에 속한다.

금강승 무상요가탄트라 수행자들의 신체적 필수조건은 아버지에게서 받은 정액과 골수 그리고 뼈, 그리고 어머니에게서 받은 피와 살, 그리고 피부를 구족한 남성 또는 여성 등으로 제한돼 있다. 이러한 구족조건을 갖추지 못한 사람(중성)들의 경우, 번뇌가 치성해 깨달음으로 가는 지혜를 닦을 수행 여건이 갖추어지지 못한 것으로 본다.

● 다섯째, 금강승 불교의 초능력

금강승 불교를 초능력을 개발하는 원천으로 보며, 심지어 초능력의 개발만을 위해 도전하는 사람들도 있다.

그러나 금강승 불교의 궁극적인 목표는 완벽한 깨달음, 성불이며, 성불을 궁극적이며, 최고의 초능력의 단계로 본다.

이른바 일체지(一切智)로 불리며, 불가사의(不可思議)하며, 불가설(不可說)의 전지(全知)를 얻는 목표로 본다. 일체의 중생들을 돕고 제도해주시는 경지가 부처님의 경지이기 때문이다.

대소승에서도 아라한 등 수행자의 신통력이 이야기되곤 하며, 흔히 삼명육통(三明六通)의 육신통(六神通)이 거론된다. 신족통(神足通), 천안통(天眼通), 천이통(天耳通), 타심통(他心通), 숙명통(宿

命通), 누진통(漏盡通)이 그것이며, 특히 이 가운데에 천안(天眼), 숙명(宿命), 누진(漏盡)을 가리켜 삼명(三明)이라고 한다.

인간의 능력을 초월하는 초능력 가운데에, 불자들이 가장 성취하기 어려운 신통력은 모든 번뇌를 끊는 누진통(漏盡通)이며, 그 밖의 초능력은 일정한 선정(禪定)을 통해 그리 어렵지 않게 얻어질 수 있다고 보는 게 불교의 가르침이다.

예를 들어, 먼 곳을 볼 수 있는 천안통(天眼通)은 하늘을 나는 일개 삼악도 축생계의 독수리에게도 갖추어진 능력이며, 공중을 나는 공중부양이나, 먼 곳에 빨리 도착할 수 있는 신족통(神足通) 등은 외도인 힌두교의 요기나 도교의 도사나 기공(氣功)의 술사들도 쉽게 이루는 일로써 대단한 의미를 두지 않는다.

세속적인 목적으로 닦는 이 같은 초능력 개발은 오히려 마술사의 마술처럼 경멸의 대상이 될 수도 있으나, 중생들을 돕는 보살행의 동기를 갖고 닦을 경우에는 장려된다. "신통력 초능력 없이 중생들을 돕는다는 것은 날개 없이 하늘을 날겠다는 것과 같다."라는 이유에서다.

그렇다면, 금강승 불교에서의 신통력은 어떤 것이 있을까? 통상적인 보살행을 위한 초능력은 작(作)탄트라에서부터 기원하고 발휘되는 사사(四事)가 있다. 금강승의 네 가지 단계의 탄트라 명상에서 얻어지는 본존의 '평범한' 능력의 성취는 다음과 같다.

1) 경애(敬愛)
2) 증익(增益)
3) 조복(調伏)
4) 절복(折伏) 등

이러한 성취를 산스크리트어로 싯다라하며, 싯디를 얻은 사람들을 싯다(성취자)라고 한다. 이러한 성취력은 성불에는 훨씬 미치지 못하지만, 법사나 대승 보살의 날개라고 불린다.

"이러한 싯디 없이 보살행을 하는 것은 '날개 없이 나르려고 한다,'는 평을 듣기 때문"이다. 흔히 84명의 금강승 밀교 성취자들이 얻었다고 전해지는 '공통적' 여덟 가지 대성취력은 다음과 같다.

1) 묘약(妙藥)의 성취
2) 안약(眼藥)의 성취
3) 지하 투시의 성취
4) 칼의 성취
5) 비행의 성취
6) 투명신(透明身)의 성취
7) 장수(長壽)의 성취
8) 젊음의 성취

이들 비범한 특질, 마하싯디를 성취한 사람들을 마하싯다(대성취자)라고 부른다. 옛 인도의 대 성취자들은 모두 84명이 기록돼있고, 한국과 티베트에도 많은 성취자들의 기록이 삼국유사와 티베트 논서등에 전해온다.

그러나 이런 대성취자들도 또 다시 더 갈 길이 남아 있다.
무상(無上)의 성취는 성불(成佛)이다. 완전한 깨달음의 성취다.

| 회향 |

우리 불교의 굳건한 재건을 기원하며, 재가불자들에게 바친다

감추어서 보관하고 수행해야 되는 금강승을 널리 알리려는 이 책, "금강승이란?"은 기울어져간 우리나라 불교를 금강승불교로써 다시 바로 세우자는 각성에서 집필됐다.

20세기의 최대의 비극중의 하나로써 인도-네팔-티베트-몽골-한국으로 전해져 보관돼 온 석가모니 부처님의 정통 불교의 보고(寶庫)중 마지막 한 곳인 티베트 불교 유적과 토양의 파괴가 지적된다.

그러나 실상을 알고 보면, 공산중국과 모택동 홍위병에 의한 티베트불교의 대대적 파괴에 못지않게, 불교가 더 철저하게 무너져 있는 나라가 바로 우리나라가 아닌가라는 생각도 든다.

우리 불교가 안고 있는 문제점의 원인으로 그 동안 귀가 아프게 들어온 상투적인 지적은 "일제 강점과 광복, 건국 이후의 대처비구 전쟁, 이어 서양에서 밀려온 서구 종교의 전도공세"등등이었다. 그러나 이러한 모든 한심한 현상은 문제의 '원인'이 아니라, 그에 앞서 5백년간 지속된, 오랫동안 지속된 불교의 붕궤가 우리에게 가져다준 일련의 '결과'였다. 이제는 그 결과를 뒤로 하고 다시 일어날 때가 됐다.

티베트 불교의 경우, 나라를 빼앗긴지 50년 남짓, 죽(竹)의 장막 양쪽의 정치 승려들 틈바귀에서 많이 상처를 받았지만, 그 정신과 가르침의 유산은 다행히 서방 등 세계의 여러 나라 불자들에게 더 넓게 전파 보전 발전되는 '불행 중 다행'을 누리고 있다.

그러나 우리나라 불교의 경우, 5백년에 걸쳐 파괴돼온 상흔(傷痕)은 규모와 신도숫자들에도 불구하고, 뒤뚱대는 오늘의 불교계의 각 방면에서 다시 뚜렷하게 부각되고 있는 것 같은 느낌이다.

한국불교의 자랑이라던 참선(參禪)수행을 하는 데도 미국인 스님들에게로만 몰려가는 불자들의 행렬, 그리고 소승으로만 치부해온 동남아 불교의 위파사나 명상으로 몰리는 불자들의 걸음에서도 읽을 수 있다.
한국을 찾는 몇몇 파란 눈의 스님들의 행렬에 자만하고, 도취하고, 대서특필을 계속하는 '우물 안 개구리'의 불교계가 오늘날 우리 불교다. 나라의 대문 밖을 나가보면, 한국불교의 위상을 강도 높게 느끼게 된다.

"한국은 크리스천 국가지요?" 필자가 한국인이라는 사실을 처음 알게 될 때 마다, 외국인 불자들, 젊은이들이 예외 없이 던지는 반문이다. 산타모니카 소재 티베트 샵의 젊은 티벳 여대생에게 아무리 한국의 역사속의 불교문화를 설명해주어도 곧이 들으려하지 않는다. "한국인들을 만나 보면, 대부분이 기독교인들 이었는데요."라는 대꾸다.

우리불교의 굳건한 재건은 소승에서 대승까지의 경전불교를 거친 정통 금강승의 탄트라불교(밀교)의 부흥과 발전을 통해야만 그것이 가능할 것 같다는 신념에서다. 필자는 다시 복원된 우리 전통의 금강승불교 신인종에 모여 수행하는 재가불자들의 신심과 열의에서 그 희망을 보았다.

금강승 현관으로 불자들을 초대하는 가이드 역으로 선을 보이게 된 졸저에 이어, 시대에 부응하는 본격적 수행 환경과 텍스트 등 관계 서적의 속간을 약속하며, 이만 줄인다.

옴 · 아 · 훔!

금강승이란
-VAJRAYANA, TANTRIC BUDDHISM-

초판 인쇄 · 2009년 4월 25일
초판 발행 · 2009년 4월 25일
지은이 · 서병후
펴낸이 · 전기혁 (라트나바즈라)
편집책임 · 박혜경(파라슛디)
디자인 · 김근정
인쇄 · 나우기획
펴낸곳 · 부처님 손바닥

주소 · 서울 강북구 수유5동 441-43
전화 · 02-927-6798
팩스 · 02-927-6994
등록 · 2008년 9월 3일 제9-253호

ⓒ서병후 Printed in Korea
책값은 뒤 표지에 있습니다.
잘못된 책은 교환해드립니다.

ISBN 978-89-962348-0-7 03220